Expedito Sebastião da Silva

Biblioteca de Cordel

Expedito Sebastião da Silva

Introdução
Martine Kunz

hedra

São Paulo, 2010

Copyright© desta edição, Hedra 2000

Capa
Julio Dui

Projeto gráfico e editoração *Hedra*
Preparação de texto
Iuri Pereira

Revisão
Artesã das palavras

Ilustrações das orelhas e quarta-capa
José Lourenço

Dados Internacionais de Catalogação na Publicação (CIP)
(Câmara Brasileira do Livro, SP, Brasil)

Silva, Expedito Sebastião da, 1928–1997.
introdução de — São Paulo: Hedra, 2000. — (Biblioteca de Cordel)

Bibliografia.
ISBN 85-87328-23-9
1. Silva, Expedito Sebastião da, 1928–1997 2. Literatura de cordel–Brasil
3. Literatura de cordel–Brasil–História e crítica I. Kunz, Martine. II. Título. III. Série

00-0126	CDD-398.20981

Índices para catálogo sintemático:
1. Brasil: Cordelistas: Biografia e obra: Literatura folclórica 398.20981
2. Brasil: Literatura de cordel: História e crítica: Folclore 398.20981

[2010]
Direitos reservados em língua portuguesa
EDITORA HEDRA
R. Fradique Coutinho, 1139, subsolo
CEP 05416-011, São Paulo-SP, Brasil
+55-11-3097-8304
www.hedra.com.br
Foi feito depósito legal.

BIBLIOTECA DE CORDEL

A literatura popular em verso passou por diversas fases de incompreensão e vicissitudes no passado. Ao contrário de outros países, como o México e a Argentina, onde esse tipo de produção literária é normalmente aceita e incluída nos estudos oficiais de literatura — por isso poemas como "La cucaracha" são cantados no mundo inteiro e o herói do cordel argentino, Martín Fierro, se tornou símbolo da nacionalidade platina —, as vertentes brasileiras passaram por um longo período de desconhecimento e desprezo, devido a problemas históricos locais, como a introdução tardia da imprensa no Brasil (o último país das Américas a dispor de uma imprensa), e a excessiva imitação de modelos estrangeiros pela intelectualidade.

Apesar da maciça bibliografia crítica e da vasta produção de folhetos (mais de 30 mil folhetos de 2 mil autores classificados), a literatura de cordel — cujo início remonta ao fim do século XIX — continua ainda em boa parte desconhecida do grande público, principalmente por causa da distribuição efêmera dos folhetos. E é por isso que a Editora Hedra se propôs a selecionar cinqüenta estudiosos do Brasil e do exterior que, por sua vez, escolheram cinqüenta poetas populares de destaque e prepararam um estudo introdutório para cada um, seguido por uma antologia dos poemas mais representativos.

Embora a imensa maioria dos autores seja de origem nordestina, não serão esquecidos outros pólos produtores de poesia popular, como a região sul-riograndense e a antiga capitania de São Vicente, que hoje abrange o interior de São Paulo, Norte do Paraná, Mato Grosso, Mato Grosso do Sul, parte de Minas Gerais e Goiás. Em todos esses lugares há poetas populares que continuam a divulgar os valores de seu povo. E isso sem nos esquecermos do Novo Cordel, aquele feito pelos migrantes nordestinos que se radicaram nas grandes cidades como Rio de Janeiro e São Paulo. Tudo isso resultará em um vasto panorama que nos permitirá avaliar a grandeza da contribuição poética popular.

Acreditamos, assim, colaborar para tornar melhor conhecidos, no Brasil e afora, alguns dos mais relevantes e autênticos representantes da cultura brasileira.

Dr. Joseph M. Luyten (1941–2006)

Doutor pela USP em Ciências da Comunicação, Joseph Luyten foi um dos principais pesquisadores e estudiosos da literatura de cordel na segunda metade do século XX. Lecionou em diversas universidades, dentre as quais a Universidade de São Paulo, a Universidade de Tsukuba (Japão) e a Universidade de Poitiers (França), onde participou da idealização do Centro Raymond Cantel de Literatura Popular Brasileira. Autor de diversos livros e dezenas de artigos sobre literatura de cordel, reuniu uma coleção de mais de 15 mil folhetos e catalogou cerca de 5 mil itens bibliográficos sobre o assunto.

Joseph Luyten idealizou a Coleção Biblioteca de Cordel e a coordenou entre os anos de 2000 e 2006, período em que publicamos 22 volumes. Os editores consignam aqui publicamente sua gratidão.

SUMÁRIO

Introdução … 9

Resumo biográfico de José Bernardo da Silva … 38

O Lobo do Amazonas Ou Lindomar e Jacira … 59

A opinião dos romeiros sobre a canonização do padre Cícero pela Igreja brasileira … 80

Verdades incontestáveis ou A voz dos romeiros … 88

O drama de um pai amargurado pela perda de uma filha … 105

As aventuras de Lulu na capital de São Paulo … 118

Adriano e Joaninha … 139

INTRODUÇÃO

O poeta-artesão

Algo surpreendia e seduzia no poeta popular Expedito Sebastião da Silva. Cearense de Juazeiro do Norte, onde morou a vida toda, ele nasceu em 20 de janeiro de 1928, dia de são Sebastião. Do santo herdou o nome e a teimosia da luta. A luta discreta, silenciosa, de um dos últimos grandes poetas de cordel, morto no dia 8 de agosto de 1997. Uma luta sem convulsões, pacífica. Havia certa resignação e tristeza quando falava da decadência do cordel, mas uma fidelidade à sua arte, uma determinação incontornável pulsava na voz do poeta. Ele sabia que tinha encontrado algo essencial e parecia ter perdoado a vida, os vilões, o tempo.

O tempo estancava na esquina da rua José Marrocos com a São Bernardo, quando no final da tarde, sentado em um banquinho no calçadão, a umas cinco quadras da casa onde morava com a irmã Lurdes, Expedito conversava. O tempo se conformava pois o homem não tinha medo do silêncio. Cheirava rapé comprado no Mercado Senhora Santana e oferecia às visitas num gesto de boas-vindas. Esboçava um sorriso. A pele escura reluzia sob o chapéu surrado de sol. O chapéu chegava com ele. Era ele.

O tempo enroscava, todas as noites, cedo, na hora fixa de se recolher.

Todos os domingos, no ritual da missa, na Igreja dos Salesianos. Religiosamente.

O tempo dava suas voltas em Juazeiro, a terra natal de onde Expedito nunca se afastou. A cidade era sua casca.

O tempo fulminou-o.

A viúva apareceu no dia da missa fúnebre, com seus três netos Suerda, Deilson e Dimas. Inácia, mãe dos meninos e filha do poeta, morrera em 1995, aos 43 anos. O casamento com dona Zilda Nunes Silva realizou-se no dia 15 de novembro de 1951, mas não durou. Expedito falava pouco sobre sua vida pessoal. Tinha nascido numa família pobre. Os pais, Sebastião da Silva e Joana Maria da Conceição, alagoanos de Ana Dias, vieram a Juazeiro como romeiros do padre Cícero. Expedito nasceu na rua José Marrocos, 463. A alguns passos da última residência, no número 725. Sua mãe morreu quando os filhos ainda eram pequenos. Foram então criados pelos tios João Vieira Mota e Maximiana Vieira Mota, que os registraram como seus filhos. Expedito freqüentou o colégio dos salesianos até o quinto ano primário. Depois trabalhou no curtume do "finado" José Pedro da Silva. Em torno de 1945, foi contratado por José Bernardo da Silva, fundador de uma das maiores editoras de cordel do Nordeste, a Tipografia São Francisco. Escreveu seu primeiro folheto em 1948.

O relato biográfico permanecia fragmentado, difuso, não emergia como totalidade concreta, cronológica. Expedito contava casos, histórias, punha em cena alguns personagens, produzia efeitos dramáticos, mas o discurso não chegava a ter forma autobiográfica. No entanto, uma plenitude desabrochava na fluidez do tempo, ficávamos satisfeitos, repletos, com o sentimento de conhecer uma vida compacta que oferecia uma prodigiosa unidade de sentido. A obra do poeta popular Expedito Sebastião da Silva, a sua existência pessoal e o universo social no qual se inscrevia eram um feixe de conexões e ressonâncias intimamente associadas. A vida alumiava a obra, a produção dos folhetos fazia parte integrante da sua existência, o texto e o mundo se revelavam um pelo outro. Nenhum elemento era fechado em si mesmo. Sua trajetória foi exemplar no universo da literatura de cordel e apresentava características que regem também o ofício dos artesãos da palha ou da renda, do couro ou da cerâmica. A aprendizagem não veio da escola mas de seu meio de origem; determinadas regras que conferem uma certa perícia técnica haviam de ser obedecidas; Expedito Sebastião da Silva fez-se poeta numa tipografia que funcionava como loja, oficina e lar; existia uma integração total e harmoniosa entre sua arte e a vida cotidiana. Enfim, o artista não se preocupava tanto com a originalidade senão com a busca da perfeição e o domínio do seu ofício.

Artesão do verso, não foi na escola ou nos tratados de versificação que Expedito aprendeu a ser poeta. Ele herdou a profissão de um companheiro de outra geração, dando continuidade à tradição por meio de uma aprendizagem que alternava tentativas e erros. Ainda criança ele tinha descoberto por si mesmo os encantos da literatura de cordel, lendo os romances de Leandro Gomes de Barros (1865-1918) e João Martins de Athayde (1880-1959). A amizade e vizinhança com o velho poeta Antonio Caetano de Palhares permitiu reforçar e incentivar o gosto juvenil pela poesia.

eu com Antonio Caetano de Palhares fui por ali, escrevendo umas poesias, mas umas poesias muito erradas, não tinha ainda métrica, só o que vinha na cabeça eu botava, isso aí... já tinha assim uns catorze anos, e então eu mostrava ao finado Antonio Caetano de Palhares, ele prestava tanta atenção... ele endireitava... e por ali fui entrando, só porque achava bonito... e foi indo até que enfim eu fiz um cordel, isto é, uma poesia, uma poesia comum, uma coisa comum, que ele pegou, quando leu, aí ele chegou e disse assim: "Ô cabra medonho, mas tá quase bom!1

Nada de nebuloso ou heróico, o caminho não foi custoso ou tormentoso, "fui por ali" comentava o poeta, como se, sem se dar conta, espontaneamente, tivesse acompanhado o amigo num passeio gostoso, "e por ali fui entrando, só porque achava bonito... e foi indo..." até que, naturalmente, outro amigo de Palhares aparecesse na casa do mestre. Era o José Bernardo da Silva, dono de gráfica, editor de folhetos, dotado de bom tino para os negócios e descobridor afinado de talentos:

– Mas você é um menino novo, rapaz e escreve até bonzinho. E me diz uma coisa, você trabalha?

– Trabalho.

– Aonde é?

– No curtume do senhor Zé Pedro da Silva.

– Quanto é que você ganha?

– 7200.

– Você quer vir trabalhar comigo, eu pago o mesmo, 7200.

– Eu vou.

A conversa foi breve, sem muitos rodeios e tergiversações. Poucas palavras para selar um destino: Expedito Sebastião da Silva tornava-se operário da palavra, escrevendo folhetos para a Tipografia São Francisco.

Palhares já tinha ensinado a Expedito que "o que há de mais bonito na poesia é a métrica"; o convívio nesse núcleo de arte e a persistência no aprimoramento do seu talento levariam o jovem aprendiz a perpetuar a grande tradição. Ele já estava no miolo da fruta. Expedito lembrava-se ainda com um orgulho legítimo do seu primeiro "atrevimento"; foi quando escreveu, em poucas horas, o folheto sobre o caso da moça que depois de morta dançou com um rapaz na capital de São Paulo. O próprio Damásio Paulo, gerente da gráfica na época, celebrou a perícia técnica nesses termos: "Você é um condenado, você vai ser um grande poeta, viu!". De fato, as regras foram obedecidas:

> A gente tem que escrever é de forma que se faltar uma sílaba na métrica, aquela pessoa que ama, entende e sabe o que é cordel, já viu o erro daquele poeta. O mais importante do cordel é a métrica. Uma poesia sem métrica é uma coisa inválida. A métrica é que faz o cordel ficar bonito.

Esse respeito incondicional às regras da métrica remete-nos às origens do folheto e ao seu caráter de oralidade, honrando um público que, em sua grande maioria, não sabe ler nem escrever. O jogo das rimas e o ritmo dessa literatura mais ouvida do que lida lembram-nos que poetas e leitores-ouvintes afinam pelo mesmo diapasão. As formas foram fixadas desde o final do século passado, quando surgiram os primeiros folhetos impressos. O formato era 11x16 cm, o número de páginas um múltiplo de quatro. Na capa, o nome do autor e o título da obra, uma ilustração com clichê de zinco ou xilogravura. O texto era escrito em versos rimados, quase sempre heptassílabos, e a estrofe, dominante até hoje, era a sextilha rimando todos os versos pares. De Leandro Gomes de Barros a Expedito Sebastião da Silva, passando por tantos outros poetas populares, a forma permaneceu, estendendo uma ponte entre passado e presente, e passarelas infinitas entre todos os poetas. A forma rígida, dogmática, é também resistente, mineral. Uma imensa rede de versos e palavras, de rimas e vozes que prende e protege na sua forma imóvel, retém e exalta, ao mesmo tempo, uma arte ameaçada.

O poeta do mirante

A arte era bem guardada naqueles anos 1940. "Nesse tempo", dizia Expedito, "o cordel estava no apogeu, era uma grande elevação, era muito procurado." Nessa pequena comunidade artesanal que era a Tipografia São Francisco, todos — a família do dono e os operários, os xilógrafos e poetas populares, revendedores e fregueses, aprendizes e mestres, jovens e velhos —, todos trabalhavam de uma maneira ou de outra na transmissão da literatura de cordel. Expedito fez de tudo. Começou dobrando folhetos, trabalhou na composição e impressão, acertou negócios no balcão, nunca deixou de revisar todos os "livros", chegou a fazer algumas xilogravuras e assumiu a gerência da gráfica no final dos anos 1950. De lá para cá, nunca arredou os pés da tipografia. Nem o dedo polegar decepado por uma impressora foi motivo para parar as atividades, o compromisso era definitivo. Mesmo quando a São Francisco passou a ser propriedade das filhas do velho editor, falecido em outubro de 1972, o mestre permaneceu no posto, fiel à memória do grande lutador que foi José Bernardo. No seu Resumo biográfico de José Bernardo da Silva, Expedito lembra a humanidade que o caracterizava:

> Às vezes quando chegava
> Em sua tipografia
> Poetas sem um centavo
> Ele bem os recebia
> Então como bom amigo
> no seu lar os acolhia

Em outros versos, o poeta afirma categórico que Bernardo era um homem honesto, incapaz de apropriar-se do trabalho de outrem. Essa preocupação remete ao episódio confuso das autorias, quando surgiu a leviandade de se dizer que Athayde e José Bernardo surrupiavam propriedade intelectual alheia. O poeta esclarece:

Porque todos os folhetos
Por Athayde editados
Foram por ele os direitos
Honestamente comprados
Recebendo os documentos
Em cartório registrados

Ficando ele por dono
Daquela propriedade
Unindo com a que tinha
Aumentou a quantidade
Oferecendo aos fregueses
A maior variedade

De fato, foi a partir de 1949, quando comprou a propriedade literária de João Martins de Athayde, que a Tipografia São Francisco tomou impulso e se tornou a maior casa editora de cordel no Nordeste.

Até quinze operários
Teve vez de trabalhar
Em sua tipografia
Todo dia sem faltar
Em verso, com cinco máquinas
Trabalhando sem parar

E a Tipografia São Francisco
Se desenvolveu ligeiro
Tornando-se conhecida
Por este Brasil inteiro
Graças à bênção que deu-lhe
O santo do Juazeiro

Princesas e cangaceiros, profetas e traquinas acompanhavam o vôo altivo do Pavão Misterioso. Os agentes distribuidores levavam Coco Verde e Melancia, A Donzela Teodora e o imperador Carlos Magno às feiras e festas da região. A clientela esperava, ansiosa, os novos lançamentos. Recebiam-se encomendas de folhetos, almanaques, orações, novenas, rótulos de manufaturas. Guilhotina, impressoras e caixas de tipos não descansavam. O balcão não dava conta. Até pedidos de previsões astrológicas chegavam à folheteria. Iniciado por João Ferreira de Lima, autor do Almanaque de Pernambuco, Expedito elaborava horóscopos assim como outro poeta astrólogo de Juazeiro, Manoel Caboclo. A São Francisco destrinchava o caminho dos astros. A quarta-capa do folheto O retirante, de 1951, sem indicação de autor, anunciava:

Expedito Sebastião da Silva, já conhecido amador de astrologia em todo o Nordeste, devido à presteza e garantia em seus trabalhos herméticos, aceita encomenda de horóscopos e consultas sobre profissões, negócios, viagens, mudanças, para que estado deve ir, anos importantes e desfavoráveis, os amores, casamentos, cores, pedras, números felizes etc.

Envie a data de nascimento acompanhada de 60 cruzeiros. Cr$ 60,00 para horóscopo completo, 30,00 médio, 20,00 consulta, para Tipografia São Francisco, rua Santa Luzia, 263. Juazeiro do Norte. Ceará.

Expedito não podia ter encontrado mirante melhor situado para descobrir o gosto do seu futuro público. Foi nesse contexto de fervor e companheirismo que ele fincou o pé e a alma. Testemunha ativa da grande saga, acompanhou de perto as transformações e a decadência do cordel, além da desativação progressiva da gráfica, rebatizada Lira Nordestina por Patativa do Assaré, quando seu esplendor já fenecia.

Da rua Santa Luzia à antiga estação ferroviária da cidade, foram muitos endereços e percalços, administradores e negligências. No entanto, diante de máquinas obsoletas e verbas cortadas, a nostalgia do antigo aprendiz de tipógrafo permanecia viva, generosa. É que entre o rangido contínuo das máquinas e as gavetas repletas de folhetos, entre a mesa de encadernação, o balcão de venda e o momento da merenda, passaram-se mais de quarenta anos.

Eu fico triste, eu olho assim, ali os originais tudo de histórias boas, me lembro daqueles velhos tempos, então aquilo me dá assim uma certa tristeza, uma melancolia, mas... só o que é perene é o poder de Deus, mais nada, o resto tudo é palhaçada.

Quanto excesso na simplicidade, paz e nobreza no cumprimento de seu tempo. Um tempo dilatado por uma certa lentidão do gesto, do olhar. Não houve dispersão nessa geografia repetitiva, limitada, conhecida, e mesmo assim ele parecia ainda passear "por ali", como se fosse por acaso. O novelo do cotidiano se desenrolou, linear, idêntico, os passos de hoje nos passos de ontem. O corriqueiro tornou-se ritual. O eterno chapéu de feltro virou escudo. Expedito Sebastião da Silva era tão próximo de si mesmo que era impossível distinguir a arte da vida. Tudo se tornava essencial, a insignificância da rotina, o prazer e o vigor da criação.

O belo e o bom

No conjunto da obra descobrimos a personalidade do autor. Dois princípios essenciais norteavam a sua produção: o respeito às regras estabelecidas e o cumprimento de uma grande prescrição: agradar ao público. Afirmava o poeta que sem esses preceitos de ordem formal e ética não havia beleza. Estética e moral andavam juntas. Em entrevista que me concedeu em 17 de setembro de 1997, pouco depois da morte de Expedito, Patativa do Assaré prestava homenagem ao amigo:

eu sempre disse, e ainda ficarei dizendo, porque ele foi mesmo um grande poeta. Ele escrevia com precisão, com muita desenvoltura, bem rimado. E com tudo que a poesia popular merece e precisa, ele tinha. Ele tinha, viu? Me pedia muito opinião, opinião sobre a poesia, sobre alguns pormenores que nós precisamos dentro da arte de versejar nessa cultura popular, viu? Ele foi um cordelista muito apreciado e também um cidadão educado. Ele se relacionava com muita educação. Eu gostava dele, viu? Foi meu amigo, amigo grande mesmo, o Expedito, viu? Eu entregava pra ele folhetos de cordel, eu lia também os dele. E gostava.

Lembrando seu primeiro romance que obteve sucesso, O prêmio da inocência (1974a), Expedito ressuscitava Zé Bernardo para contracenar com ele:

Expedito, quem vê assim pensa que é de João Athayde, aí eu disse: sabe por quê? É que eu me inspiro muito nas histórias dele. Eu lia muito, aí a gente fica com aquela base concreta que a gente não foge, o indivíduo já tem a veia poética, aquilo ali vai pra cuca dele, depois de penetrar dentro do indivíduo, ele não esquece jamais.

Longe de tolher a dignidade do poeta, a submissão às normas e à tradição alimentava o orgulho de pertencer a um coletivo. A filiação não só era reconhecida como reivindicada. O poeta não manifestava a menor preocupação em distinguir a sua obra do conjunto da literatura de cordel. Alguns folhetos escritos em parceria com Manoel Caboclo e Silva, Pedro Bandeira, Abraão Batista e Francisco Zênio ilustram de certo modo essa desenvoltura quanto à propriedade intelectual do folheto: confusão entre co-autor e proprietário? Um poeta teria melhorado o que tinha sido escrito por outro? O primeiro deu a idéia, o segundo versejou? Simples estratégia mercadológica? Fica difícil determinar quem fez o quê. Levada às últimas conseqüências, essa discrição de quem era consciente e seguro do seu talento convertia-se em desprendimento excessivo e perigoso quando se tratava da identificação e preservação da sua produção. Expedito Sebastião da Silva escreveu aproximadamente duzentos folhetos, dos quais, a duras penas, conseguimos juntar 62 de diferentes coleções privadas e públicas. Ele próprio não guardara nenhum original e todos os direitos autorais foram vendidos. A sua fala mansa e tranqüila confirmava:

Eu não ligo, não, de juntar esse negócio de originais. Nunca liguei, não. Olha, pra melhor lhe dizer, eu escrevia esses folhetos anteriormente, nunca botava meu nome em capa de folheto. O velho Zé Bernardo ficava grosso comigo. Escrevia só por esporte. Como hoje mesmo, ainda escrevo por esporte.

Uma vez conquistado o domínio do ofício, tudo transcorria como se a competência tivesse a forma, a força, a evidência da autoria. A perfeição na tradição dignificava mais do que a manifestação de uma singularidade. O versejador irrepreensível chegava mesmo a passar à frente do poeta inspirado quando recebia encomenda de folhetos.

De modo geral, o folheto de encomenda remete à intervenção de pessoas estranhas no meio tradicional da literatura popular em verso. Instituições públicas ou privadas, empresas nacionais e multinacionais, entidades associativas, educativas e religiosas, comerciantes e homens políticos começaram a utilizar o folheto a partir dos anos 1970. Os objetivos desse tipo de folheto eram variados. Eles podiam cumprir uma função pedagógica, pela vulgarização de conhecimentos técnicos, pretender difundir os direitos do cidadão ou propor novas idéias, lançar-se em campanhas propagandistas a serviço de homens políticos, ou em benefício da comercialização de produtos. Tratava-se de amamentar, votar para Constituinte, plantar algodão ou curar-se da rouquidão? O cordel dava a solução.

Eu posso tratar de qualquer assunto, qualquer coisa. O meu sistema de escrever é um só, sendo em cordel é um só. O poeta está à disposição de quem quer que seja que necessita da poesia dele. Isso aí não desvirtua o prestígio do poeta, ele está aí pra isso, pra escrever. [...] tanto faz de propaganda como história de fato acontecido, como sendo um fato político, o que vier eu não estou escolhendo.

De eventos artísticos a campanhas eleitorais, os poucos folhetos de encomenda encontrados, de autoria comprovada, não constituem a parte mais interessante da obra de Expedito, mas são bem representativos da sua habilidade. Os dois folhetos da Feira de Arte Popular do Cariri —VIVA CARIRI foram encomendados ao poeta pela Scala Publicidade, de Fortaleza, em 1978 e 1979. O texto fazia às vezes de convite e divulgação do evento, citava os artistas participantes e agradecia a todos que ajudaram, destacava o apoio da financeira Credimus e mandava para o Olimpo as diretorias de suas agências de Juazeiro e Fortaleza.

> Aos que à Exposição
> Todo seu apoio deram
> E a todos os artistas
> Que colaborar quiseram
> Com carinho agradecemos
> E jamais esqueceremos
> Tudo que por nós fizeram

Outros títulos, como Retirada ou A exposição de xilogravuras de José Lourenço, foram encomendados, o primeiro pelos gravadores Mariza Viana e Stênio Diniz, em 1977, o segundo pelo curador da exibição, Gilmar de Carvalho, em 1990. Os folhetos permanecem hoje como felizes iniciativas de catálogos de exposições de xilogravuras, lembrando os tempos áureos do cordel, quando Noza, João Pereira, Walderêdo, Manoel Lopes e José Imaginário, santeiros e escultores de madeira da região do Cariri, passaram a ilustrar capas de folhetos, no começo dos anos 1950, a pedido de José Bernardo da Silva. Poetas e xilógrafos têm seus nomes gravados, entrelaçados na madeira macia da imburana.

Em outro folheto, A xilogravura e seus artistas, também encomendado pelo pesquisador Gilmar de Carvalho, em 1992, o poeta escava os nomes de todos os artistas que fizeram a trajetória dessa manifestação artística em Juazeiro do Norte.

> Diversos desses xilógrafos
> Que vivem aqui hoje em dia
> Aprenderam a cortar xilos
> Com toda diplomacia
> Com Zé Bernardo ajudando
> Em sua tipografia

Trabalhador especializado em versificação, disposto a acondicionar qualquer mercadoria, o profissional da rima não demonstrava o menor constrangimento em versejar as qualidades de candidatos políticos que pleiteavam cargos de vereador ou prefeito em Juazeiro. Tratava-se de ser persuasivo, qualquer fosse a bandeira ideológica, e o panegírico não oferecia muitas variações. Joaquim Ferreira Xavier – O futuro vereador da pobreza; Antonio Manoel de Lima – O futuro vereador dos humildes; As razões da candidatura do Dr. João Everardo – PMDB; Dr. Raimundo Macedo – Futuro prefeito de Juazeiro em 88: com a bênção do padre Cícero, os eternos futuros benfeitores do povo revelavam um toque de religiosidade, uma pitada de ordem e progresso, uma pincelada de bom-mocismo, um fervor de obreiro e uma boa dose de profunda simpatia pelos humildes. Profissional da comunicação, o poeta conhecia muito bem o universo referencial dos eleitores pobres, suas crenças e comportamentos. Estudo de mercado e pesquisa de motivação eram dispensados. A argumentação deveria levar o público a agir, quer dizer, a votar certo. A conclusão era verbalizada para evitar qualquer dúvida. A função injuntiva do discurso publicitário era manipulada com absoluta maestria. A fama de versejador a toda prova nem sempre foi propícia ao nosso poeta. Em 1988, quando a gráfica era mantida pela prefeitura e pela Universidade Regional do Cariri (Urca), Expedito aceitou uma encomenda de propaganda política, louvando um candidato opositor do então prefeito Manoel Salviano. Houve uma denúncia do fato e o desfecho foi vexatório. A gráfica foi invadida, os gráficos foram presos e tiveram que prestar declaração na delegacia. Logo liberados, levaram o folheto melindroso à guilhotina. Esse ramo comercial do folheto de encomenda confirma que poesia é também trabalho e sobrevivência. Embora nesses casos pontuais sua arte não passasse de mera mercadoria, Expedito não reduzia a sua obra a um simples intuito mercadológico.

A poesia é o seguinte, é um dom divino, o indivíduo já nasce com ele, aí ele chega, puxa pra aquele caminho até que ele chega a ser um poeta mesmo, porque ele tem aquela vontade e não foge.

Poeta é aquele que sabe conjugar o impulso misterioso e a sua determinação. Poesia é criação inspirada, mas também, e sobretudo, lucidez, domínio, construção, inteligência e imaginação. Boa poesia é aquela que agrada ao público.

a pessoa tem que fazer a coisa como ela há de ser e no gosto do povo, a gente escreve não é pra gente, é pra o povo. Se eu vou fazer uma história, não vou fazer de acordo com o que eu gosto não, faço de acordo com o que o povo gosta, porque eu sou escritor, eu não vou escrever a história pra mim, escrevo pra o povo.

Mais uma vez o coletivo suplanta o individual. De acordo com esse voto de devoção ao gosto popular, valentia e gracejo, religião e amor são temas dominantes na obra de Expedito.

O cabra-macho

O valente de Expedito Sebastião da Silva é nordestino e sertanejo, ele evolui em meio a fazendas e mandacarus. A primazia da sua força física e o vigor do seu temperamento destemido são postos a serviço do melhor e do pior, do divino ou do demoníaco. Aos heróis da atualidade, construídos pela mídia, descartáveis, intercambiáveis, consumidos e esquecidos no mesmo instante, o poeta prefere o herói que segue o seu destino com uma constância exemplar, aquele que nunca se aposenta nem se torna enfadonho. Ele come feijão mas é arquétipo, ele é músculo e abstração, ele tem a força de uma idéia. Lampião aparece, é claro. Bárbaro e simpático ao mesmo tempo, ambíguo, é devoto do padre Cícero mas tem pacto com o demônio.

>   Da vida dele só conto
>   Trechos que chamam atenção
>   De acordo o que ouvi
>   Contado pelo sertão
>   E baseado no livro
>   Façanhas de Lampião

A intenção era contar a história verdadeira do cangaceiro, mas a narração escapa logo à vontade do historiador, o bandido rouba a imaginação de Expedito.

A verve criativa do poeta e o seu pendor moralizante desabrocham de vez quando o valente, herdeiro das virtudes de

Roldão e Oliveiros, derruba e extermina o valentão. Em Sandoval e Helena ou A fera do Paraná e O Lobo do Amazonas ou Lindomar e Jacira (1977), folhetos de "pura criação", capas e títulos sugerem que teremos direito a uma bela história de amor. Ledo engano. O macho resplandece de ponta a ponta, não há cenas líricas e, entre estupros e castrações, o erotismo é mais do que rude. O autor notifica um amor à primeira vista numa sextilha concentrada, mais tarde um beijo relâmpago abre o portal da eternidade. O amor é secundário, só serve para insuflar coragem ao herói inabalável e alimentar a pungência da intriga.

> Luta, trama, sofrimento
> Perseguição, amor, glória
> Surpresa, bravura, ódio
> Crueza, morte e vitória
> Tudo isto o leitor vê
> No decorrer desta história

O enredo tem uma dinâmica parecida nos dois folhetos. Tudo começa com a seca e a guerra pela sobrevivência. O herói cearense se vê condenado a viver fora do seu meio. Sandoval vai a um cafezal do Paraná, Lindomar, a um seringal do Amazonas. Revoltados pelo sistema escravocrata de trabalho, os justiceiros enfrentam administradores, cabras e capangas e restabelecem a justiça social. O exílio trágico virou epopéia e ficção compensatória do sofrimento de gente miúda. A glória é de todos e foi perseguida em ritmo de filme de aventura.

O devoto do "padim"

Pairando sobre esse mundo de ciladas e perfídias, o padre Cícero, herói carismático e pacífico, pertence à temática religiosa do poeta entre episódios bíblicos, profecias e aparições. O padre taumaturgo de Juazeiro do Norte é fonte inesgotável de inspiração em toda a literatura de cordel. Filho de romeiros e devoto do "Padim Ciço", Expedito Sebastião da Silva não podia deixar de reverenciar o soldado de Deus.

Tenho uma fé inabalável nele, porque eu vi muitos milagres que aconteceram, e outros de romeiros, eles contavam grandes milagres operados por ele e eu então não desacreditei e nem desacredito o que eles disseram.

> E sobre os grandes milagres
> Que foram por ele obrados
> Vou relatar sobre alguns
> Que a mim foram contados
> Por velhos daquela época
> Que os tem memoriados

Como tantos outros bardos do sertão, o poeta oferece-nos mil e um milagres em troca daquele que foi vetado, censurado pela Igreja Católica Apostólica Romana2. A vingança é jocosa. Vai do jeitinho ao prodígio: casos de adivinhação, dom de ubiqüidade, curas inesperadas, conversões espetaculares, salvações inopinadas. O poeta se delicia. Em poucas estrofes um milagre, em poucas páginas um acúmulo de maravilhas. O papel foi escrito sob medida para o principal ator, não há tempo morto e há muitos coups de théâtre. É milagre de vedete e interpretação de star. O modo espontâneo, sem pompa, como é tratado um assunto tão prestigioso traduz o quanto o sagrado é intrincado no profano: o espantoso vira rotineiro e o poeta apropria-se do santo sem maiores rodeios, lembrando assim que poesia e religião são para ele exercícios cotidianos. Mas Expedito destaca-se dos demais poetas quando resolve engajar-se nas questões polêmicas em torno do grande sacerdote. Deixando de lado biografia, milagres e profecias, ele soube, em nome dos romeiros e a pedido deles, engrossar a voz, abandonar a postura de cidadão pacato e quebrar o pacto com o seu eterno bom humor. Foi quando a Igreja brasileira canonizou, por sua conta, o padre Cícero sob os protestos da Igreja de Roma e o repúdio de muitos romeiros.

> Romeiros da mãe de Deus
> Essa canonização
> Que a Igreja brasileira
> Fez, não tem efeito não
> É uma trama ilusória
> Que fere a santa memória
> Do padre Cícero Romão

A indignação tornou-se eloqüente, e de modo ponderado e longe de qualquer sectarismo o seu texto é um convite à reflexão. O assunto é grave, o tom compenetrado, a paixão contida. Se as homenagens impróprias e oportunistas irritam o poeta, ele toma-se de fúria quando alguém ousa difamar o "Santo de Juazeiro". Expedito ataca quem calunia nos folhetos Em defesa do padre Cícero "O Apóstolo do Nordeste" e Verdades incontestáveis ou A voz dos romeiros. Nesse segundo folheto, a investida traduz a reação do poeta ao artigo intitulado "O apostolado do embuste", publicado na revista Itaytera do Crato (II, 1956, pp. 3-63), escrito pelo padre Antônio Gomes de Araújo, que permanecia, nas suas pregações posteriores à morte do padre Cícero, um dos maio-res detratores do venerado sacerdote.

> Aqui padre Manoel Gomes
> Nem que a vida nos custe

> Por ser o nosso direito
> Eu lhe peço não se assuste
> Viemos só rebater
> "O Apostolado do embuste"

Essa primeira estrofe meio temerosa e acabrunhada não chega a deter as denúncias frontais. O matuto cristão apostrofa, interpela, condena o herege:

> Padre Gomes perdoai
> A minha rude expressão
> Sou matuto e o senhor
> Homem de grande instrução
> Cada demonstra o que tem
> No íntimo do coração

Comovente é ouvir esse folheto gravado pelo próprio Expedito, em 1985, no estúdio da Rádio Vale do Cariri em Juazeiro. O vinil, intitulado A arte da cantoria – O ciclo do padre Cícero, foi editado posteriormente em CD pela Funarte, com o apoio do Itaú Cultural.

O réu é padre, no entanto não há título sacerdotal que consiga inibir o sentimento de repulsa e o ímpeto de raiva do poeta. Ordenado ou não, o clérigo é suspenso de ordens, sem bula papal nem direito de resposta. Mais adiante, Expedito ergue-se como o advogado de defesa de Maria de Araújo, leiga, pobre e mulher, cujo nome quase nem aparece no conjunto dos títulos sobre padre Cícero. O poeta, decididamente, não questiona a ortodoxia da crença na origem divina do milagre e fecha a questão com certa indiferença e altivez:

> Padre Gomes me perdoe
> Eu só disse o necessário
> Deus me livre de falar
> E maltratar um vigário
> A vingança dos romeiros
> É só rezar o rosário

Desempenhar o papel de justiceiro não é a preocupação maior de Expedito Sebastião da Silva. Uma ponderação natural, um certo equilíbrio entre adesão e reserva impede-o de levantar bandeiras ideológicas ou confessionais. No entanto, como em toda a literatura de cordel, há um certo intuito moral que perpassa a sua obra. O forte compromisso com a religião leva-o a preconizar determinados preceitos éticos como no folheto de exemplo O drama de um pai amargurado pela perda de uma filha (sem data b), ou a insurgir-se contra a crise dos gêneros, o desmantelo da família, a imoralidade nos usos e costumes. Em A marcha dos cabeludos e os usos de hoje em dia, o poeta condena qualquer inovação que ameace a moral vigente. Corrupção rima com perdição, e a inspiração surge do velho medo da mulher-macho e do macho-mulher:

> Os cabelos crescem tanto
> Que dão laçadas por trás
> Quem ver de longe não sabe
> Se é moça ou é rapaz
> Pelo semblante não nota
> Se é aquela marmota
> Gente, bicho ou Satanás
>
> Tem delas que vão à rua
> Em bicicletas montadas
> Com um cigarro na boca

> Soltando belas tragadas
> Ainda aquelas travessas
> Têm suas lindas cabeças
> Bem no cogote raspadas

Embora moças e rapazes mergulhem o planeta na luxúria e depravação, o apocalipse não parece iminente. O quadro é mais divertido e pitoresco que realmente amedrontador.

> Eu acreditei em uma
> Dum pai de alma ferina
> Ele pegou-me e mudou
> Com um punhal minha sina
> Hoje como por capricho
> Só chamo os homens de bicho
> Com a fala muito fina

Não deixa de transparecer nesses folhetos de cunho moralizante a intenção expressa, reiterada, imperativa do autor que é o entretenimento. O grande desafio é agradar ao público. Para isso o RISO e o AMOR.

Eu faço aquilo dali pelo um divertimento, entende? Assim como uma brincadeira. Eu não acho de sacrifício escrever não. Eu não faço nem tanto visando o dinheiro mas o gosto do público, que é isso que eleva o poeta, é a aceitação do povo... Agora eu dou preferência ao amor, ao sofrimento, mas também sendo assim de bagunça, de humor, eu gosto imensamente porque sou um pouco humorístico, viu!

O palhaço sofredor

Rir e chorar são as duas faces de Jano do princípio-mor do nosso poeta. Deixamos as lágrimas para o final. A recomendação inicial do livro de Gargântua poderia servir de aviso ao leitor para os folhetos do ciclo lúdico: Mieux est de ris que de larmes écrire, Pour ce que rire est le propre de l'homme. O folheto As conseqüências do peido explora um tema escatológico bem ao gosto da linguagem rabelaisiana.

> Eu conheço um rapazinho
> Que numa noite peidou
> Na festa dum casamento
> Na sala ninguém ficou
> O que foi de carrapato
> Que tinha ali se acabou

O realismo grotesco dos episódios pestilenciais não demonstra nenhuma vontade de edificação do leitor. Não podemos vislumbrar a menor intenção de aperfeiçoamento moral. É farsa absoluta. Nada sério. O herói musculoso ou religioso cede o passo ao anti-herói. A malícia impera. É a vez de Pedro Malasartes, primo do espanhol Pedro de Urdemales. É o "campeão das travessuras", "cheio de diabruras", dono de uma insuperável preguiça, apimentada pela gula da sua sensualidade imprevisível.

> Das histórias de proezas
> Lidas em todas as partes
> Talvez não haja nenhuma
> Jocosa e cheia de artes
> Que chegue a se comparar
> À de Pedro Malasartes

Feio e covarde, ladrão e mentiroso, uma mansa crueldade transparece no assassino pacato e no estuprador dolente. Criado do diabo e amante da vida, ele termina casado com uma princesa e torna-se rei de uma nação. A inversão carnavalesca é geral: Pedro revela-se inteligente e ordeiro. O riso terá intenção satírica ou trata-se apenas do delicioso prazer da incoerência? Mas nem sempre o bufão toma o lugar do rei. No folheto As aventuras de Lulu na capital de São Paulo, o matuto bobalhão permanece até o fim da história impenetrável a qualquer faísca de inteligência. O seu espírito mergulha na mais profunda indigência. A gesta urbana esquece o épico nas primeiras estrofes. A tipificação farsesca do nosso caipira e a mecânica imutável da sua pobreza mental reforçam o cômico cuja eficácia é assegurada pela repetição do mesmo tipo de bobeira. O fracasso é quase total.

> Dizia ele: Mil vezes
> Seguir para o cadafalso
> Do que viver entre estranho
> Cumprindo um destino falso
> Sem chapéu e sem dinheiro
> Agora por fim, descalço!

Amor e dor

Ao lembrar a história de Lulu, Expedito ainda ria, riso catártico de moleque cearense que sabia rir da desgraça, inclusive da sua. Embora haja sempre no riso um caráter desagregador do equilíbrio social, esse riso era transparente, mais eufórico que satírico. Não havia nada que debater. Mas a voz embargava, o olhar parecia compadecer uma dor alheia se o poeta falasse de O segredo de Verônica, A louca da sepultura, O calvário de uma mãe ou O amor de Albertina, História de Adriano e Joaninha, e outros poemas de amor e dor. A mesma magia simpática aproximava o poeta do carrasco e da mãe sofredora, do covarde e do valente, do santo e dos amantes. Era como um ator de teatro saindo à procura do outro e encarnando a personagem.

Nos antípodas de um mundo obcecado pelas imperfeições técnicas e as crises do acaso, Expedito Sebastião da Silva movia-se num universo onde ainda se falava em Deus e se acreditava no Destino. Não pode haver dúvidas diante das grandes emoções fundamentais que todo mundo conhece. O amor é soberano e os amantes travam uma luta impiedosa para vencer as dificuldades que os impedem de ser felizes. Do começo ao fim do caminho, é Deus que ordena as estrelas de cada um:

> Cada vida é um destino
> De impenetrável sigilo
> Não há na terra quem possa
> Desvendá-lo ou corrigi-lo
> Somente o Divino Mestre
> É quem sabe defini-lo

Os amantes não podem viver um sem o outro e enfrentam por isso uma pletora de tragédias no percurso da vida: separação, exílio, fuga, aprisionamento. Mesmo assim, é impossível trair o amor, e a passagem se faz, afinal, do "antro amargurado" da vingança, da violência e do ódio ao "reino encantado" do amor e da paz.

> Nesta história se vêem
> Combates comovedores
> Amor, ternura, tragédia
> Perseguições e rancores
> Nela tem tudo que agrada
> A meus queridos leitores

O apelo é lançado. A sina é divina mas a arte é do grande contador de histórias que sabe chamar a atenção do seu público e prendê-la até o desfecho final. Redundantes, superlativos, paroxísticos: os títulos funcionam como chamada. Os sofrimentos de Selma (ou Fruto da traição), O Prêmio da inocência, O suplício de um condenado... O drama prometido será total. A abertura, sintética e eficaz, introduz a história narrada na terceira pessoa e no tempo passado:

> Aconteceu em Paris
> Este drama comovente
> Há mais de duzentos anos
> Onde vê-se claramente
> Padecer numa prisão
> Um pobre homem inocente

Como nos contos da infância, os personagens e os lugares são fora do comum. Em épocas distantes, Paris, Milão ou México acolhem um leitor em busca de evasão. Cenário desconhecido e nome prestigioso: a cidade parece feita para abrigar amores desmedidos e personagens fascinantes, soma de modelos ideais. Na verdade, mal se vêem os personagens, só se vê o amor. São homens e mulheres de ação que pertencem a Deus, eles não têm grande profundidade psicológica. O retrato é simplificado ao extremo e facilita a identificação, os sentimentos viram logo paixões. Como no melodrama, o sucesso é assegurado por meios simples que procuram provocar emoções fortes no público. Densidade da intriga e caracteres reduzidos a tipos elementares, sempre os mesmos: ele é doce como carneiro e valente como leão, é virtuoso como não pode sê-lo. Ela é bela, antes de tudo bela. Anjo de candura, ela galvaniza o macho, a sua pureza incendeia o coração do herói e a libido do inimigo. O seu gosto pelo sacrifício é genético, inevitável, natural. Tipos fixos, nós os reconhecemos de um folheto a outro, eles são familiares e a nossa atenção se volta então, inteira, absorta, para o enredo. Um enredo sofisticado, engenhoso, que corre e tropeça, termina e recomeça ao longo das 16, 32 ou 40 páginas, alimentando romances de muito fôlego. A sensibilidade é barroca pela narração transbordante, pela profusão de ações e paixões, pela exuberância das histórias diversas, múltiplas, sempre renovadas. O mundo instável quase que titubeia entre ilusão e verdade, aparência e realidade.

Mas o poeta é vigilante e virtuoso, domina a complexidade da intriga, a brusca reversão das situações, a cascata de incidentes extraordinários, as peripécias do eterno conflito entre o puro e o monstruoso. Entre culpa e perdão, amores à primeira vista e espadas cravadas em corações imundos, Expedito não se perde no caminho, não conta sobre a inspiração do momento para conduzir a história, e quando o herói é impedido de aparecer, um desvio providencial da intriga resolve o conflito insolúvel.

Se for fazer um livro, e não fazer um roteiro, aí ele se bombardeia. Tem que saber como termina, fazer o roteiro, tudo enfim. Tem que traçar logo a estrada pra saber pra onde vai, pra chegar no final. O poeta que vai escrever e não sabe como é o final, ele só escreve errado, foge e muito da mira da história.

O talentoso fabulador não perde o fio das suas histórias rocambolescas. A verossimilhança é relegada ao segundo plano, não se trata de parecer verdadeiro, mas de fazer com que a fantasia convença. E convence. Expedito pega o leitor na primeira estrofe e larga-o na última, exausto de emoções. A razão não foi contemplada com lógica e coerência mas a imaginação foi premiada com invenção e coesão. O leitor é raptado, aprisionado pela narrativa linear e, ansioso de chegar ao fim, ele fica envolvido nessa dinâmica cinematográfica, concentrado, tenso, apreensivo do que vem a seguir. A precipitação da ação não permite o distanciamento reflexivo. Implicado, ele queria estar à frente da intriga, a astúcia do autor não o permite. Nenhuma estrofe morde a seguinte. Os enigmas são múltiplos, cada um é elucidado no seu tempo, todos têm um fim. E parece natural. A transparência prevalece. Os personagens fazem revelações bombásticas em falas curtas, como se fosse no teatro; cenas apocalípticas são relatadas mas uma cortina rápida já nos leva para outras; há um acúmulo de cadáveres mas que não exalam o cheiro da morte; o patético é acentuado mas o melodrama nunca vira tragédia. Enfim, nesse mundo povoado de assassinos, estupradores, blasfemadores, ladrões, onde nenhuma redenção parece possível, onde os bons enfrentam todas as perseguições imagináveis, nesse mundo entramos e saímos, liberados no final do percurso, empanturrados de ação, consolados e confortados pelo happy end.

Sempre eu gosto de um desfecho que agrada. Quando eu escrevo, já sei como é o final da história. Puxo diretamente pra morrer naquele ponto de vida.

Um "ponto de vida", é exatamente isso que nos oferece Expedito Sebastião da Silva. Como nos folhetos de gracejo nos quais, mesmo quando o mundo está de cabeça para baixo, o bom humor sobrevive, nos romances de amor, diante de mil e uma adversidades, quando o suicídio coletivo seria uma boa saída, os personagens preferem a vida. O "ponto de vida", não é tanto o casamento da moça, mas o reencontro de duas pessoas que se amam. O casamento final é fator de coesão social e obedece à moral vigente, mas o reencontro afirma que o amor é um valor em si. É um amor além dos amores, é fatal mas não tirânico, é emulação, libertação, fonte de glória e heroísmo. É ele que move os personagens, ela e ele também. Ele tem sentimento, ele ama e sofre com generosidade. Ele chora até, e escapa ao clichê paleolítico do macho. Ela ama com o mesmo ardor e a sua coragem é masculina.

> Quando dois entes se amam
> Com um verdadeiro amor
> Os dois corações se unem
> Num só destino amador
> Se acaso um padecer
> O outro é quem sofre a dor

Expedito Sebastião da Silva escreveu todas as histórias "nascidas" por ele, sob o signo dessa telepatia amorosa dos amantes. A sintonia providencial da sua temática com a sensibilidade do seu público tradicional dá lugar a uma literatura fraterna. Espontaneamente fraterna. A obra é naturalmente solidária ao leitor e conta com a sua adesão. Adesão de amigo, e não de consumidor. A palavra é ponte, ligação e, mesmo inserida numa forma fixa e rígida, flui simplesmente, como se não fosse inventada. Precisa muita arte para atingir a simplicidade e a comunicação feliz duma literatura que parece estar à escuta do seu leitor.

Artesão/artista, o poeta nasce sob os auspícios da tradição e renasce no sopro da criação inaugural. Como verdadeiro artista é uno e singular. Tem o peso da memória no ritual da escrita, a pungência do verbo no impulso da criação.

É artesão, é poeta, é pedra, é paixão.

Autor: Expedito Sebastião da Silva

RESUMO BIOGRÁFICO DE
José Bernardo da Silva

Capa: Xilogravura de STÊNIO DINIZ, neto de José Bernardo

RESUMO BIOGRÁFICO DE JOSÉ BERNARDO DA SILVA

Com o coração em luto
Cheio de melancolia
Neste pequeno folheto
Vou narrar em poesia
De Zé Bernardo um resumo
Da sua biografia

Porém antes de entrar
Nos versos iniciais
Envio à família dele
Os pêsames sentimentais
Por aquele que se foi
E não voltará jamais

A 23 de outubro
De 72, morreu
José Bernardo da Silva
Na cidade em que viveu
Com aquele ar humilde
Ante Deus compareceu

José Bernardo da Silva
Morrendo deixou ficar
Uma lacuna na nossa
Poesia popular
Ficou o mundo poético
Numa tristeza sem par

Enquanto ele existiu
Em sua tipografia
Imprimiu muitas histórias
Contadas em poesia
Pois muitos originais
Em seu poder possuía

Porque todos os folhetos
Por Athayde editados
Foram por ele os direitos
Honestamente comprados
Recebendo os documentos
Em cartório registrados

Ficando ele por dono
Daquela propriedade
Unindo com a que tinha
Aumentou a quantidade
Oferecendo aos fregueses
A maior variedade

Porém antes necessito
Ir ao ponto original
Pra relatar em resumo
Sua vida inicial
Com data de nascimento
E donde foi natural

Em novecentos e um
O rei do gênero humano
No dia 2 de novembro
Já do referido ano
Nascera José Bernardo
No estado alagoano

Foi em Palmeira dos Índios
Estado dos marechais
Que Zé Bernardo nasceu
Setenta anos atrás
Naquela terra tão fértil
Dos verdes canaviais

Ainda muito em criança
De Alagoas se mudou
Com seus pais pra Pernambuco
Onde rapaz se tornou
Com dona Ana Vicência
Nesse estado se casou

Casado foi pra seu lar
Trabalhar na agricultura
Graças aos seus esforços
Sempre viveu na fartura
Nunca negou um bocado
A nenhuma criatura

Depois de anos deixou
O seu serviço roceiro
No ano de 26
Veio para o Juazeiro
Por ter o consentimento
Do nosso bom conselheiro

Pois antes tinha pedido
Ao padre Cícero Romão
Para vir em Juazeiro
Fazer sua habitação
Então ele amavelmente
Deu-lhe autorização

O padre Cícero lhe disse
Com ar tranqüilizador:
Pode vir, meu amiguinho
Na paz de Nosso Senhor
Você vindo terá todo
Juazeiro a seu favor

Chegando no Juazeiro
Numa casa que comprou
Lá na rua São Francisco
Com sua esposa ficou
Aí enfrentando a sorte
Nova vida começou

Depois de ouvir os conselhos
Do padre Cícero Romão
E também de receber
Dele autorização
Foi ele negociar
Pelas zonas do sertão

Em um pequeno baú
Que nas costas conduzia
Levava para vender
Humilde mercadoria
Que nas feiras e ribeiras
Aos sertanejo vendia

Contava a mercadoria
De ervas medicinais
Cascas, raízes e folhas
De diversos vegetais
Tempero e chapéus de palha
E outros artigos mais

Depois de bons resultados
Com essa mercadoria
Foi penetrando aos poucos
No ramo da poesia
Vendendo nas feiras versos
Que ele mesmo fazia

Vendo ele dos folhetos
A maior procuração
Vendia também dos outros
Os de mais aceitação
Como fossem os que tratavam
Do padre Cícero Romão

E quando com sacrifício
Um folhetinho fazia
Mandava ele imprimir
Em uma tipografia
Unicamente um milheiro
Pois mais disso não podia

E ainda recebia
Os ditos por aparar
Em casa com a esposa
A noite sem hesitar
Aparava-os de tesoura
Acabando de aprontar

Depois disso viajava
Sem um vintém na algibeira
Pelas zonas do sertão
Passando em toda ribeira
E vendendo seus folhetos
Por onde tivesse feira

E como naquela época
Já em bom estado estava
A sua mercadoria
Cada vez mais melhorava
A qual em dois animais
Para fora carregava

Numa das suas viagens
Foi ele preso inocente
Com toda mercadoria
Por polícia incompetente
Passou três dias detidos,
A pagar injustamente

E só no terceiro dia
Lhe cederam a liberdade
Porque um advogado
Teve dele piedade
Porém a mercadoria
Se sumiu mais da metade

O advogado quis
Dele autorização
Pra processar dos que tinham
O trancado na prisão
Pois só assim lhe pagavam
A suspeita de ladrão

Porém Zé Bernardo era
Duma humildade imensa
Disse que para os que tinham
Cometido aquela ofensa
Dava-lhes de coração
O perdão como sentença

O seu ramo de negócio
De forma alguma deixou
E vendendo seus folhetos
Disposto continuou
Porque estes contratempos
Jamais o intimidou

Dez anos depois mudou-se
Da rua em que residia
Vindo ele então morar
Na rua Santa Luzia
Onde enfim iniciou
A sua tipografia

Com sacrifício comprou
U'a máquina de impressão
A dita sendo a pedal
De pequena dimensão
Pegava só oito páginas
Em sua paginação

Com resumida tipagem
Começou ele a fazer
Composição sem da arte
Coisa alguma conhecer
Em companhia de outro
Que se dispunha a aprender

Com um esforço tremendo
A arte sempre aprendeu
Então junto com o outro
Ligeiro desenvolveu
No ramo dos seus negócios
O maior impulso deu

Como a procura dos versos
Era cada vez maior
Ele então para atender
A freguesia melhor
Comprou uma outra máquina
De um formato menor

Ele sempre muito cedo
No trabalho começava
E até tarde da noite
Muitas vezes trabalhava
Com a esposa de lado
Que muito lhe ajudava

Então estabeleceu-se
À rua Santa Luzia
Instalou em casa própria
A sua tipografia
Que iria ser no Norte
A maior folhetaria

Os folhetos prosseguiram
Numa grande aceitação
Ele pra desenvolver
Viu que tinha precisão
De comprar o quanto antes
Mais máquinas de impressão

Findou comprando três máquinas
Do tipo que precisava
Cada na paginação
Dezesseis páginas pegava
Sendo que seis mil folhetos
Por dia cada tirava

Até quinze operários
Teve vez de trabalhar
Em sua tipografia
Todo dia sem faltar
Em verso, com cinco máquinas
Trabalhando sem parar

E a Tipografia São Francisco
Se desenvolveu ligeiro
Tornando-se conhecida
Por este Brasil inteiro
Graças à bênção que deu-lhe
O santo do Juazeiro

Porém duns tempos pra cá
Devido à televisão
E outras diversões mais
Dessa nova geração
Os folhetos vêm sofrendo
Uma grande oscilação

Por isso aquela oficina
Antes tão movimentada
Hoje em dia se encontra
Por completo transformada
Porém no seu ramo antigo
Ainda está bem firmada

Apesar de Zé Bernardo
Já estar na tumba fria
Viva permanecerá
Toda sua poesia
Porque os seus versos deixam
Os tristes com alegria

Porque sempre ele em vida
Gostava de aconselhar
Aqueles que muitas vezes
Queriam desesperar
Ele pacientemente
Procurava os acalmar

Pois ele na humildade
E na calma ia além
Sempre dizia: no mundo
Perfeito não há ninguém
Quem olha as faltas dos outros
Quer encobrir as que tem

— Não coagirei ninguém
Gosto da tranqüilidade
Pois o demônio que viva
Sem nenhuma liberdade
Oprimido no Inferno
Para toda eternidade

— Eu também jamais serei
Do dinheiro escravizado
Este na minha existência
Será meu subordinado
Em vez de me dominar
Por mim será dominado

— Se acaso uma pessoa
Inconsciente errar
Vejo que não é preciso
De forma alguma ralhar
A quem cometeu o erro
Devemos certo ensinar

Era assim de Zé Bernardo
A sua filosofia
Modesto e muito pacato
Amante da harmonia
Era sempre um rosário
A arma que conduzia

Então os seus operários
Ele muito bem tratava
Como amigos verdadeiros
A todos considerava
Quando via um preciso
Com todo gosto ajudava

Às vezes quando chegava
Em sua tipografia
Poetas sem um centavo
Ele bem os recebia
Então como bom amigo
No seu lar os acolhia

Quando qualquer um daqueles
Se dispunha a viajar
Um sortimento de livros
Ele mandava entregar
Àquele necessitado
Sem um só vintém cobrar

Muitas vezes recebia
Lá em sua residência
Gente pra comprar fiado
Dessas tais sem consciência
Ele muito confiante
Vendia sem exigência

Quando muitos cá não vinham
Pagar o que foi comprado
Se alguém em um falasse
Ele dizia: coitado!
Sei que inda não pagou
Por estar aperreado

Quando ele tiver posse
Com toda certeza vem
Se ainda não pagou
Creio é porque não tem
E mesmo o que Deus me deu
Dá pra mim e mais alguém

— Quando eu nasci foi nu
Hoje já estou vestido
Deus entregou-me esses bens
Pra ser por mim dirigido
Meu é somente o que visto
E o que por mim é comido

Era assim José Bernardo
Por nada tinha ganância
E pra com seu semelhante
Nunca usou de traficância
Aos bens materiais
Ligava pouca importância

Foi ele pai de seis filhos
Por ele bem educados
Então daquela família
Tem quatro vivos casados
Dos três homens foram dois
Pro reino de Deus chamados

Dos homens só resta Lino
E as filhas casadas
Que são: Maria e Jesus
Ambas cultas e educadas
A mais nova é Zuizinha
Da classe das diplomadas

Quando seu filho mais velho
Morreu em um acidente
Ele passou vários dias
Cabisbaixo e descontente
E quando nele falava
Suspirava tristemente

Sentiu muito quando o outro
Segundo filho morreu
Então no ano seguinte
Um outro choque sofreu
Quando seu genro Diniz
De repente faleceu

Ele depois conformado
Fazia apenas dizer:
De Deus se faça a vontade
Pois só ele tem poder
E como justo juiz
Sabe tudo resolver

Sem lamento Zé Bernardo
Já em avançada idade
Sofria resignado
Toda contrariedade
Mantinha sempre consigo
Aquela serenidade

Proveniente a idade
E os choques que sofria
Não publicou mais folhetos
Feitos de sua autoria
Por isso muitos poetas
Pouco dele conheciam

Porém há folhetos dele
Dignos de nossa atenção
Somo bem, seja o da morte
Do padre Cícero Romão
Aqui vai uma estrofe
Da tristonha narração:

"Muito triste e pesaroso
Chamo o leitor atenção
Fui escrever mas não pude
Caiu-me a pena da mão
Para prantear a morte
Do padre Cicero Romão"

Não foi só este folheto
Ele escreveu outros mais
Muitos deles instrutivos
Que não morrerão jamais
Como seja esta estrofe
Dos "Conselhos paternais":

"Segui filho pelo mundo
Não tens pensar, estás morto
O teu destino é errado
O teu caminho é torto
Jamais encontras no mundo
O teu paternal conforto"

Foi "O defensor da honra"
Seu folheto derradeiro
No qual descreve uma luta
Dum rapaz pobre e ordeiro
Defendendo uma donzela
Do Lampião cangaceiro

"Contou a mim um rapaz
Do sertão de Ipanema
Que assistiu a uma luta
No sítio Várzea da Ema
De Lampião com um moço
Da Serra da Borborema"

Foi o último folheto
Que ele publicação deu
Depois de anos um mal
Sem dores lhe apareceu
Tanto que sem ter fastio
Bem forte permaneceu

Devido àquela doença
Foi ele então obrigado
Da oficina ficar
Por completo isolado
Pois só assim poderia
Ser com cuidado tratado

Quando ele a oficina
Às vezes ia olhar
Algumas lágrimas se via
Pelo seu rosto rolar
Doente porém sentia
Vontade de trabalhar

Quando da sua doença
Por completo piorou
Então no pronto socorro
Pra curar-se se internou
Aí sem haver remédio
Dias depois expirou

Depois de morto, seu corpo
Para o seu lar foi levado
Numa sala foi exposto
Pra que fosse visitado
Por todos os conhecidos
De quem era admirado

Na manhã do outro dia
Entre choro e lamento
Foi conduzido o seu féretro
Com grande acompanhamento
Para o cemitério, onde
Deu-se o seu sepultamento

A morte de Zé Bernardo
O Norte inteiro reclama
Porque suas poesias
Todo sertanejo ama
Aqui coloco o adágio:
Morre o homem e fica a fama

Afinal José Bernardo
Conduzido pelo bem
Vitorioso e humilde
Elevou-se ao além
Foi viver junto com Deus
Para todo sempre. Amém

EXPEDITO SEBASTIÃO DA SILVA

Proprietárias: Filhas de José Bernardo da Silva

O Lobo do Amazonas ou Lindomar e Jacira

O LOBO DO AMAZONAS OU LINDOMAR E JACIRA

Com o bafejo poético
Que me oferece a lira
Aqui pretendo narrar
Um conto que admira
Do Lobo do Amazonas
Ou Lindomar e Jacira

Lindomar era um rapaz
Natural do Cariri
Trabalhava de vaqueiro
Numa fazenda dali
Era temido e disposto
Brabo que só um siri

Os pais de Lindomar eram
Já de avançada idade
Tinha também dois irmãos
De robusta mocidade
Que com o pai trabalhavam
Em sua propriedade

No ano de novecentos
Em todo Norte e Nordeste
Houve uma grande seca
Acompanhada de peste
Muita gente debandou
Para o Sul e o agreste

Lindomar vendo o horror
Atacar aquelas zonas
E das casas e fazendas
Ficando as moscas por donas
Então decidiu sozinho
Viajar pro Amazonas

Pois estavam conduzindo
Homem casado e rapaz
Com destino ao Amazonas
Para lá nos seringais
Trabalhar dentro das brenhas
Junto das feras brutais

Lindomar pra viajar
Pra Fortaleza rumou
Ali num grande navio
Com mais outro embarcou
Com destino ao Amazonas
A sua terra deixou

Com doze dias depois
O navio foi chegado
Na capital de Manaus
Daí foi ele levado
Acompanhado de outros
Para o seringal falado

Com mais dois dias depois
Em um seringal chegaram
Então todos reunidos
Quando do vapor saltaram
Pra uma casa riquíssima
Que tinha ali os levaram

Chegados lá no terreiro
Avistaram na varanda
Um sujeito cara-dura
Que só fez olhar de banda
Com cara dum malfeitor
Que assassinos comanda

Depois duns cinco minutos
Foi que pra eles olhou
Vendo que só Lindomar
O seu chapéu não tirou
Se chegando para ele
Indignado falou:

— Todos que aí estão
Assim que me avistaram
Da cabeça os seus chapéus
Em meu respeito tiraram
Foi porque você não viu
O que eles praticaram?

Diz Lindomar: da cabeça
Eu só tiro o meu chapéu
Na presença das imagens
Dos santos de lá do céu
Por mim não será tirado
Diante dum xeleléu

O tal levantou o braço
Sem discutir mais assunto
Aí Lindomar saltou
E dele ficou bem junto
Disse: se descer o braço
Ainda hoje é defunto

Leitores, esse sujeito
De cara de malfeitor
Era de dez seringais
O administrador
A dona era uma moça
Tão linda como uma flor

Portanto nos seringais
Era muito respeitado
Pois já em diversos homens
De murro havia açoitado
Mas ali com Lindomar
Pegou ele o bonde errado

Porque na hora em que ele
Quis bater em Lindomar
Não podendo conseguir
Por ele lhe ameaçar
Fez um sinal a uns cabras
Para ao moço agarrar

Três sujeitos assassinos
Partiram para o pegar
Porém Lindomar dum pulo
A um pôde segurar
Ligeiro tomou-lhe a arma
E procurou se amparar

Apareceram mais dez
Mas Lindomar não abriu
Atirou no mais valente
Esse tombou e caiu
Nisso uma linda jovem
Lá na varanda surgiu

Com a presença da jovem
O tiroteio encerraram
Todos diante a donzela
Numa vênia se curvaram
Lindomar se aproximou
Quando eles se afastaram

Lindomar fitando a jovem
Ficou um tanto indeciso
Disse consigo: este anjo
Será que do Paraíso
Veio aqui em meu socorro
No momento mais preciso?

A jovem lhe perguntou:
— Donde é você, rapaz?
Diz-me como és chamado
E o que aqui te traz?
Pelo que há pouco vi
És inimigo da paz

Respondeu ele: me chamo
Lindomar de Amorim
Eu venho do Cariri
Porque lá está ruim
Sou calmo, mas não aceito
Ninguém vir bater em mim

— Eu sou um homem disposto
Nunca gostei de brincar
Portanto aqui eu me acho
Para dinheiro ganhar
Tenho coragem de sobra
Para o trabalho enfrentar

Quando Lindomar calou-se
A jovem disse: está bem
Você já se revelou
Vou declarar-me também
Pois sou muito positiva
E não engano a ninguém

— Possuo dez seringais
Que dão um lucro importante
Umas quinhentas pessoas
Que me trabalham constante
A quem me trabalha pago
Sem lábia de traficante

— Sou órfã de pai e mãe
Apenas tenho um tutor
Que é o senhor Josino
Meu administrador
Ele é quem resolve tudo
Seja o caso lá qual for

— Agora vá trabalhar
Não quero ver desatino
Já sabe que qualquer coisa
É com o senhor Josino
Pois o que nos seringais
Ele fizer eu assino

A jovem dizia aquilo
Mas um tanto embaraçada
Pois diante a Lindomar
Estava emocionada
Porque pela vez primeira
Se sentia apaixonada

Leitor amigo, essa jovem
Que ali falou assim
O seu nome era Jacira
Parecia um querubim
Era uma rosa pujante
Num verdecido jardim

Jacira enfim já contava
Dezoito anos de idade
Perdeu os pais muito nova
Vivia na orfandade
Por isso às vezes fazia
Atos de barbaridade

O seu pai e sua mãe
Foram mortos num só dia
Por um monstro sanguinário
Que ainda ali havia
O qual chamava-se Lobo
E vários crimes fazia

Então a mãe de Jacira
Era linda sem igual
Mas um dia em que o Lobo
Saiu nesse seringal
Assim que avistou ela
Projetou fazer-lhe o mal

Pegou a mulher à força
Num quarto com ela entrou
Fez com ela o que bem quis
No fim de tudo a matou
E os seus cabras lá fora
Dela o marido sangrou

Jacira ficou apenas
Com onze anos de idade
Então consigo jurou
Com toda sinceridade
Que jamais a nenhum homem
Consagraria amizade

Ficando ela sozinha
Entregue ao desatino
Por escolha dela deram
Para seu tutor Josino
Sem saber que ele era
Um traidor assassino

Pois Josino foi bandido
Do Lobo anos atrás
Então como espia dele
Vivia nos seringais
Por isso para pegá-lo
Ninguém seria capaz

Afinal aquele monstro
A Jacira tapeava
O dinheiro que a jovem
Para o pagamento dava
A nenhum dos seringueiros
Um vintém apresentava

Se por acaso algum deles
O seu dinheiro exigia
Mandava os cabras pegá-lo
E pra mata o conduzia
Aquele pobre infeliz
Nunca mais aparecia

Josino fez com o Lobo
Um trato para entregar
Jacira nas suas mãos
Para ele a deflorar
Depois consigo levá-la
E lá nas matas a matar

Porque Jacira morrendo
Ele com tudo ficava
Seria o herdeiro único
Ninguém ali boquejava
Justiça ali não havia
Somente ele mandava

Porém sentiu-se oprimido
Quando avistou Lindomar
Principalmente na hora
Que o viu lhe ameaçar
Mas ficou firme jurando
Que o mandava matar

Sem saber foi Lindomar
Trabalhar nos seringais
Naquelas matas sinistras
Seguido de outros mais
Enquanto um monstro traçava
Pra si os dias finais

Lindomar tornou-se logo
De todos simpatizado
Devido à sua coragem
Por eles foi apontado
Pra chefiar um ataque
Que já tinham projetado

Pois todos os seringueiros
Oprimidos se achavam
Devido aos grandes maltratos
Que com Josino passavam
Por isso todos ocultos
Uma revolta traçavam

Com uns dois meses depois
Que Lindomar trabalhava
Em um dia no almoço
No barracão descansava
Um cabra com um punhal
Por trás dele se chegava

Mandou-lhe o punhal nas costas
Mas Lindomar se livrou
Com a maior ligeireza
Ao cabra aberturou
Puxando por sua faca
Para ele assim falou:

— Cabra covarde e imundo
Se prepare pra morrer
Agora vou lhe ensinar
Para você aprender
Como se mata um homem
Sem covardia fazer

Fincou-lhe a faca no bucho
Com toda força do braço
As violentas facadas
Saiam no espinhaço
Só soltou quando deixou
O corpo dele em bagaço

Lindomar viu que aquilo
Era obra de Josino
Disse aos outros: meus amigos
Confiados no Divino
Vamos hoje derrubar
Aquele monstro assassino

— Devemos ir hoje à noite
A casa grande atacar
Para pegar o Josino
E depois que o matar
Obrigar dona Jacira
Nosso dinheiro pagar

Todos ali concordaram
Com o que o moço dizia
Enquanto isso Jacira
De amor se consumia
Pois por Lindomar há tempo
A linda jovem sofria

Mas na hora que Josino
Lhe disse que Lindomar
Tinha morto um dos seus homens
Ela mandara o chamar
Então sozinha na sala
Ficou a lhe esperar

Sentou-se numa cadeira
Então logo sem demora
Encruzando as lindas pernas
Levantou na mesma hora
A saia com o vestido
Deixando as pernas de fora

Quando Lindomar entrou
Naquele rico salão
Que viu a bela Jacira
Em tão linda posição
Ele lhe fitando as pernas
Sentou-se em frente ao chão

Jacira presenciando
O que tinha o rapaz feito
Levantou-se de um pulo
E disse: tenha respeito
Aqui jamais outro homem
Obrou assim deste jeito!

Lindomar disse: desculpe
Foi porque não resisti
Quando vi as suas pernas
O equilíbrio perdi
Pois são as pernas mais lindas
Que neste mundo já vi

Jacira quis bater nele
Mas a coragem foi pouca
Lindomar sem dominar-se
Aí numa ânsia louca
Abraçou-a fortemente
E deu-lhe um beijo na boca

Ela gritou por socorro
E quando auxílio chegou
Lindomar ligeiramente
Correndo se retirou
Penetrando na floresta
Numa gruta se ocultou

Lindomar com seus amigos
Já estava combinado
Pra alta noite fazerem
Um ataque inesperado
À morada de Jacira
Pra castigar o culpado

Mas aquela mesma noite
Foi marcada por Josino
Para entregar Jacira
Ao tal Lobo assassino
Para consigo levá-la
E dar-lhe cruel destino

E por isso à meia-noite
Lobo, a cruel serpente
Chegou com os seus bandidos
Pra levar ocultamente
Jacira, para fazer
O que lhe desse na mente

Conduzido por Josino
Lobo logo penetrou
Onde dormia Jacira
Ele em ânsia lhe tocou
A moça se acordando
Um grande grito soltou

Com o grito Lindomar
Com seus fiéis seringueiros
Com rapidez atacaram
A todos os cangaceiros
Os que ali não morreram
Ficaram prisioneiros

O Lobo lá com Jacira
Dizia pra ela assim:
Se quiseres ser valente
Sem render-se logo a mim
Do jeito de tua mãe
Aqui mesmo dou-te fim

Ali nesta mesma hora
Rasgou a camisa dela
Botou-a à força na cama
Quando ia beijar ela
Uma voz disse: bandido
Se afaste da donzela

O Lobo pulou de costas
Já com o punhal na mão
Olhando viu Lindomar
Vindo em sua direção
Trazendo na mão direita
Um afiado facão

O Lobo partiu pra ele
Para cravá-lo ao peito
Lindomar pulou de banda
Então pegou-o de jeito
Cortou-lhe a munheca esquerda
Depois o braço direito

O Lobo caiu gritando
Em sangue todo banhado
Lindomar disse: bandido
Inda não estou vingado;
Ali pegou uma corda
Com ela o fez amarrado

Depois pegou seu facão
Sem a menor pena dele
Tirando as calças do monstro
Fez uma operação nele
Que se acaso escapasse
Mulher não temia ele

Nisto os seringueiros entraram
Trazendo preso Josino
Perguntaram: o que se faz
Com este monstro assassino?
Diz Lindomar: é Jacira
Que resolve o seu destino

Jacira disse: eu entrego
Ele nas mãos de vocês
O que com ele fizerem
Não ligo por minha vez
Só assim ele me paga
A traição que me fez

Os seringueiros fizeram
O Josino confessar
Que com o Lobo vivia
Sempre a se comunicar
E o que com eles fazia
Sem um vintém lhes pagar

Levaram para o terreiro
Aquele indivíduo mau
Ali não deu pra quem quis
Quebraram ele de pau
O corpo dele deixaram
Mole que só um mingau

O Lobo esvaído em sangue
Minutos depois morreu
Seus homens que foram presos
Lindomar os remeteu
Pra capital de Manaus
Declarando o que se deu

Jacira depois de tudo
Abraçada a Lindomar
Disse: em mim vês uma serva
Se não quiseres casar
Acompanharei teus passos
Loucamente a te amar

Lindomar disse: Jacira
Sou por ti apaixonado
Te tenho aqui em meus braços
Como um anjo abençoado
Não serás a minha escrava
Serei, sim, o teu criado

Com quinze dias depois
Celebrou-se o himeneu
De Lindomar e Jacira
Porque lutou e venceu
Por recompensa uma jovem
Linda e rica Deus lhe deu

Lindomar ficou riquíssimo
Por dono dos seringais
Logo depois de casado
Mandou buscar os seus pais
Ali findou os seus dias
Com sua Jacira em paz

Autor: *EXPEDITO SEBASTIÃO DA SILVA*

A Opinião dos Romeiros sôbre a Canonização do Pe. Cícero pela Igreja Brasileira

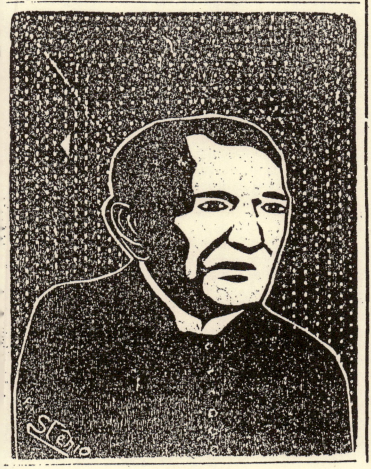

A OPINIÃO DOS ROMEIROS SOBRE A CANONIZAÇÃO DO PADRE CÍCERO PELA IGREJA BRASILEIRA

No dia 8 de julho
Do ano 73
A Igreja brasileira
Decidiu por sua vez
Aqui em nossa nação
Do padre Cícero Romão
A canonização fe

Realizou-se em Brasília
Essa canonização
Sendo que do Santo Papa
Não houve autorização
Por aí o leitor veja
Foi à nossa santa igreja
A maior profanaçã

511 padres
No momento se acharam
Também 34 bispos
Ali se apresentaram
E de jornais e revistas
Centenas de jornalistas
O ato presenciara

Romeiros da mãe de Deus
Essa canonização
Que a Igreja brasileira
Fez, não tem efeito não
É uma trama ilusória
Que fere a santa memória
Do padre Cícero Romã

Pois a Igreja Católica
Apostólica Romana
Por ser fundada por Cristo
Tem a ordem soberana
De canonizar na terra
Outra assim fazendo erra
E a boa fé engan

Mesmo o nosso padre Cícero
A luz brilhante do Norte
Como um fiel pastor
Foi um baluarte forte
Da Santa Mãe Soberana
E a Igreja romana
Defendeu até a mort

Deixou no seu testamento
Com toda realidade
Assinada por seu punho
Como cunho da verdade
A prova como um diploma
Pra com a Igreja de Roma
A sua fidelidad

O nome do padre Cícero
Ninguém jamais manchará
Porque a fé dos romeiros
Viva permanecerá
Pois nos corações dos seus
Foi ele um santo de Deus
É e pra sempre ser

E portanto o padre Cícero
Sempre foi santificado
Pelos seus fiéis romeiros
De quem é bastante amado
Finalmente é uma asneira
A Igreja brasileira
Fazê-lo canonizad

Essa canonização
Feito num sistema inculto
Os romeiros consideram
Como um verdadeiro insulto
Que a todo mundo engana
E com cinismo profana
Um admirável vult

Creio se o padre Cícero
Vivo estivesse com nós
Seria ele o primeiro
A opor-se em alta voz
De forma alguma queria
Por completo repelia
Essa farsa de algo

Pois ele nos seus sermões
Dizia com paciência:
A santa Igreja romana
De Deus é a pura essência
Não devemos desprezá-la
Portanto vamos amá-la
Fiéis com obediênci

Sem a Igreja Católica
Apostólica Romana
Ninguém pode se salvar
Porque a alma é profana
Por ser a religião
Que conduz todo cristão
Para a corte soberan

Aí se vê claramente
A grande veneração
E o respeito que tinha
O padre Cícero Romão
Pela Igreja de Cristo
Que proveniente a isto
Sofrera perseguiçã

O padre Cícero com vida
Honrou a sua batina
E à Igreja de Cristo
Tinha obediência fina
Não dava nenhum conceito
A quem faltasse o respeito
Pra com a santa doutrin

Como é que certos padres
Não conheceram direito
O padre Cícero de perto
Procuram com desrespeito
Canonizá-lo por conta?
É à Igreja uma afronta
Ou um rebelde despeito

Pois a Igreja romana
De forma nenhuma aprova
Essa canonização
Feita nesta Igreja nova
Se eles estão a pensar
Que fácil vão nos laçar
Nos laçarão uma ova

Ele dizia: o Diabo
Todos os dias peleja
Para pegar os cristãos
Pois é o que mais deseja
Muitos poderão cair
Se por acaso ele vir
Laçando pela igrej

Mas estamos preparados
Conosco ninguém embroma
Porque é o padre Cícero
Do romeiro e ninguém toma
Que espera conformado
Pra vê-lo canonizado
Por nosso papa de Rom

Já ouvi alguém dizer
O padre Cícero merece
Ser enfim canonizado
Já que ao papa se esquece
Proveniente a demora
Vem outra Igreja de fora
E o seu valor reconhec

Mas a Igreja romana
Primeiramente precisa
Fazer sobre o indicado
Uma severa pesquisa
Depois de colher com jeito
Todos os dados direito
É que ela canoniz

Não é só meter a cara
Como quem vai fazer guerra
E ludibriar a fé
Dos cristãos aqui na terra
Assim era ser profana...
Pois a Igreja romana
De forma nenhuma err

Aqui não estou falando
Contra a canonização
Do que é merecedor
O padre Cícero Romão
Minha pena aqui acusa
A quem dele o nome usa
Fazendo profanaçã

Acho grande hipocrisia
E desaforo daquele
Que somente por ouvir
Muitos falar sobre ele
Quer ao povo se unir
Para bem alto subir
Na sombra do nome del

Sabem que o padre Cícero
O santo de Juazeiro
Tem romeiros espalhados
Por este Brasil inteiro
Então canonizam ele
Pra fazer do nome dele
Uma chama de dinheir

Lá no céu o padre Cícero
Não pode estar satisfeito
Vendo o seu santo nome
Maculado desse jeito
E ainda depois disto
Vendo a Igreja de Cristo
Sem o devido respeit

Mas ele apesar de tudo
Usará de complacência
Pedirá penalizado
À Divina Providência
Pro castigo revogar
E com amor perdoar
Essa desobediênci

Aqui nós do padre Cícero
E da Virgem Padroeira
Não estamos de acordo
Com a Igreja brasileira
O nosso padre estimado
Queremos canonizado
Não assim dessa maneir

Sua canonização
Nós desejamos que seja
Feita pelo Santo Papa
De forma que ele festeja
Depois de canonizá-lo
Mandar então colocá-lo
No altar de toda igrej

Todos seus fiéis romeiros
Que com fé o amam tanto
Num quadro tem ele em casa
No mais destacado canto
Pra quem chegar ali veja
Que só falta a santa Igreja
Declará-lo como sant

Esperamos que o papa
Antes que nos venha a morte
Canonize o padre Cícero
E brade numa voz forte:
"Eu declaro fervoroso
santo Cícero virtuoso
de Juazeiro do Norte"

VERDADES INCONTESTÁVEIS OU A VOZ DOS ROMEIROS

A pedido dos romeiros da terra do padre Cícero, fomos forçados a publicar novamente este tosco livreto, rebatendo dentro da norma "o apostolado do embuste", defendendo, assim, uma sagrada memória.

Aqui padre Manoel Gomes
Nem que a vida nos custe
Por ser o nosso direito
Eu lhe peço não se assuste
Viemos só rebater
"O apostolado do embuste

Padre Gomes o senhor
Sei que tem compreensão
É de Deus um sacerdote
E tem muita educação
Responda por que ataca
O padre Cícero Romão

Não foi ele um sacerdote
Como o senhor é também
Enquanto viveu na terra
Foi só praticando o bem?
Pelo seu livro o senhor
Bondade nenhuma te

Eu não creio padre Gomes
Que o teu livro insensato
Aonde lêem-se mentiras
Com infâmia e desacato
Tenha o apoio preciso
Do bom pessoal do Crat

Eu juro que os cratenses
Não apoiarão a ti
Lamento por habitares
Vergonhosamente aí
Nesta cidade que é
"Princesa do Cariri

Não nasceste aí no Crato
Chego até a protestar
Vieste de outra parte
Para o despeito plantar
Querendo manchar a terra
De Bárbara de Alenca

Padre isto nos parece
Com o espírito do mal
Com as vestes de cordeiro
O coração de chacal
Que a força nos obriga
Marchar no trilho inferna

Vê-se que a religião
Está quase acabada
Inda existe um pouquinho
Nos de memória aprumada
Mas este seu livro faz
Não se acreditar nad

Padre Gomes o senhor
Tem mesmo no pensamento,
Que escreveu um bom livro
De profundo fundamento?
Ou foi um livro satânico
Só com desmoronamento

Oh! Padre Manoel Gomes
És um notável escritor,
Para quem abraça o ódio
E guarda eterno rancor
Porém escritor não és,
Da lei de Nosso Senhor

Já sabemos que o senhor
Vai outro livro escrever,
Aqui ficamos calados
O que podemos fazer?
Apelamos para Deus
É quem sabe resolver

Padre, contra o padre Cícero
Vens com nova falsa história,
Descrevendo coisas vis
Com tua mente ilusória
Padre, queira respeitar,
Uma sagrada memóri

Padre Gomes nos responda
— O senhor é confessor?
Porque se é não parece...
— É também bom pregador?
Achas que estás fazendo
O papel de um bom pastor

Lembrai, oh! padre, Jesus
Quando na terra pregava,
Só ensinava a verdade
A mentira detestava
Ao bem da humanidade
Ternamente aconselhav

O padre Cícero Romão
Um amável conselheiro
Que nasceu aí no Crato
Pra fundar o Juazeiro
E santamente seguir,
O nosso Deus verdadeir

Padre Gomes o senhor
Certamente não conhece
Da vida do padre Cícero
E se sabe escurece
Será que dos mandamentos
O senhor já se esquece

Se pretende escrever
Para renome ganhar
Escreva um livro católico
Para nos orientar
Mas não um vasculho infame,
Que nos faz repugna

O senhor não conheceu
O padre Cícero de perto
Aquele que nos mostrava
De Deus o caminho aberto...
Me perdoe, mas o senhor
Deve estar louco por cert

Padre Gomes perdoai
A minha rude expressão
Sou matuto e o senhor
Homem de grande instrução
Cada demonstra o que tem
No íntimo no coraçã

Se acha que está certo
No seu modo combativo,
Pensando que publicou
Um livro bem positivo
Então pra que não escreve
Pra nós um livro instrutivo

Padre Gomes nós queremos
Um livro que a ninguém fira
Mostrando a divina luz
E afugentando a ira
Não um livro sem prestígio
Só completo de mentir

Não posso compreender
Que um sacerdote culto
Faça um livro contra outro
Com o mais ferino insulto
Ferindo a santa memória
Dum admirável vult

"Apostolado do embuste"
É um título interessante
Isto é, para os que tem
Uma mente ignorante
Que segue como piolho
Por uma cabeça errant

Padre Gomes os romeiros
Nada mais têm a dizer
Mas nessas estrofes toscas
Procuram esclarecer
Quem era o padre Cícero
E tal livro rebate

Porque se assim repilem
Veja quem é necessário
Todos tragam em silêncio
O mais amargo sudário
Pra que abrandai a ira
Rezam pra vós um rosári

Padre Gomes o senhor
É um pouco revoltoso,
Declara que o padre Cícero
Era um fino mentiroso
E quer negar a fé,
Sobre o sangue precios

Pois saiba que apareceu
Na hora que comungava
Maria de Araújo
A hóstia se transformava
Em sangue na boca dela
Que a capela incensav

Vieram vários doutores
Para o fato averiguar,
Fizeram vários exames
Queriam certificar
Mas na boca da beata
Nada puderam encontra

O seu sistema bucal
Era normal e perfeito,
Sem uma cárie sequer
Sem ter nos dentes um defeito
Mas sempre na comunhão,
Dando-se do mesmo jeit

Então diversas toalhas
Deste sangue foram tinta(s),
Vistas e verificadas
Por personagem distinta
Será quem presenciou
Com falsidade nos minta

Não; porque em Juazeiro
Como no Crato também,
Não tem falsário nenhum
Não fala mal de ninguém
São gentes civilizadas,
Que só compreensão tê

O padre Cícero é um santo
Ele foi e há de ser,
Como na terra e no céu
Procurará defender
Aquele que neste mundo
O procura combate

Eis aqui certos milagres
Que foram por ele operados,
Sobre os pobres como sejam:
Em cegos e aleijados
Com seus remédios mateiros
E sendo sempre aprovado

Ele ensinava remédio
Sem sequer ver o doente
Só de raízes de paus
Quem fizesse fielmente
Tomando-o com fé ficava
Curado completament

Na porta do padre Cícero
Apareceu certa vez
Um sujeito maltrapilho
Que diversos crimes fez
Procurou falar com ele
Humilde e muito cortê

O padre Cícero fitou
Para ele e disse assim:
—Meu filho és um ingrato
Como se é tão ruim?
Quem mata seu próprio irmão
É herdeiro de Cai

Pegou-o pelos cabelos
Com o seu poder eterno
Deu-lhe com o seu cajado
Dizendo: aqui te governo
Eu faço assim pra não seres
Um herdeiro do Infern

Então este tal sujeito
Coisa alguma não dizia
Dos seus olhos grande pranto
Por sobre a face descia
Procurava defender-se
Porém falar não podi

Outro fato aconteceu
Certa vez com um sujeito
Que contra o padre Cícero
Tinha um feroz despeito
Disse consigo: eu o mato
Pois já tenho em mente o jeit

Combinou com quatro homens
Cada qual o mais esperto
Pra levá-lo ao padre Cícero
Em uma rede coberto
Pra matá-lo no momento
Que ele chegasse pert

Assim mesmo eles fizeram
Pegaram a rede e levaram
À porta do padre Cícero
Com dita rede chegaram
Como Judas, o traidor
Ao padre Cícero chamara

O padre Cícero ligeiro
Na janela apareceu
— O que é meu amiguinho?...
Um dos tais lhe respondeu:
— Trazemos aqui esta rede
Dum romeiro que morre

Ele antes de morrer
Pediu numa devoção:
— Levem o meu corpo à porta
Do padre Cícero Romão
Para ele de minh'alma
Fazer recomendaçã

Portanto eis o seu corpo
O senhor pretende ver?
— Sim, pois não, meu amiguinho
Pois é este o meu dever
Desejo mesmo de perto
Este corpo conhece

— E ele está morto mesmo...
O padre lhes respondeu:
— Está com poucos minutos
Meus filhos que ele morreu
O seu instinto feroz
A si próprio combate

Dirigiu-se ele à rede
Dizendo: dou-te o conforto,
Lá na morada celeste
Que é o seguro porto...
Quando ele abriu a rede,
Se achava o homem mort

Os homens ficaram aflitos
Com tal acontecimento
O homem estava sadio
Sem ter nenhum sofrimento
Vindo falando na rede,
E falecer de momento?

Nisso o padre Cícero olhou-o
Com um gesto divinal,
Disse: como de costume
Se destrói por si o mal
Tirou da cinta do morto,
Um afiado punhal

Ali piedosamente
Com a maior contrição,
Daquele corpo sem vida
Fez a recomendação
Mandando logo após,
Lhe dar a sepultaçã

O padre Cícero na terra
Fez como são João Batista,
Com palavras do senhor
Fazendo a santa conquista
Aos sem luz pra botá-los,
Na divina e pura lista

Por pregar só a verdade
Chegou a ser odiado
Sendo imediatamente
Por todos repudiado
Mas por duras falsidades,
Foi ele decapitad

São João Batista, um santo
Um puro e fiel pastor,
Que pregava santamente
A palavra do Senhor
Só por pregar a verdade,
Teve uma morte de horror

Por que é que a humanidade
Sempre a verdade esconde...
Procura o lado falsário
Caminhando para onde?
Padre Gomes está certo?
Veja se o senhor responde

Sabemos que o senhor
Procura enfim repelir
Ao sangue precioso
E o padre Cícero ferir
Depois ante a teus alunos
Cinicamente menti

Cinco minutos de aula
Sabemos que o senhor
Quer instruir seus alunos
Com o mais triste terror
Querendo mostrar mentiras...
Mas, padre, é um horror

O senhor pega uma hóstia
(Mas esta não consagrada)
Bota uma tinta imunda
Pelo senhor preparada
Depois faz por um aluno
Ser a dita comungad

Depois disto o senhor
Pede: cuspa em minha mão
Quando o dito obedece
Que grande atrapalhação!...
Porque quando cospe é róseo
Porém como sangue nã

Padre, não acha o senhor
Que isto é vergonhoso
Até diante dos alunos
Vir passar por mentiroso
Padre Gomes não difame
Ao sangue precios

Não fale mal da memória
De uma santa beata
Com falsas acusações
Lhe peço não a combata
Ela não lhe ofendeu
Por que é que a maltrata

Eu creio que o senhor
É um padre da Igreja
Como os outros sacerdotes
Que só o bem nos deseja
Pregando instrutivamente
Para que nós feliz sej

Mas estamos com tristeza
Com os fraseados seus
Demonstra enfim teu caráter
E os pensamentos teus
"Apostolado do embuste"
Ave-Maria, meu Deus

Acha o senhor padre Gomes
Que é um livro instrutivo
Ou é uma grande infâmia
Dum espírito combativo
E não sente um só remorso?
Diga, seja positivo

Creio que este teu livro
Não há clero que apóie
E teu crânio um outro livro
Sujo assim jamais constrói
Porque sempre como vemos
O mal por si se destró

Padre Gomes nessa estrofe
Quem lhe suplica sou eu
Não queira escrever mais livro
Sobre quem feliz viveu
E não queira mais ferir
Memória de quem morre

Padre Gomes me perdoe
Eu só disse o necessário
Deus me livre de falar
E maltratar um vigário
A vingança dos romeiros
É só rezar o rosário.

O DRAMA DE UM PAI AMARGURADO PELA PERDA DE UMA FILHA

Hoje com grande pesar
Que no meu peito não cabe
Um passado vou contar
Pra quem ainda não sabe
Com os olhos tristes relato
O fim desastroso ingrato
Que teve a minha filhinha
Por nome de Manuela
Quando eu me lembro dela
Uma dor em mim espinh

Minha pobre Manuela
Já nasceu no sofrimento
A mãe dando à luz ela
Morreu no mesmo momento
Eu só com ela ficando
Nela e na roça cuidando
Era um tormento sem-fim
Mas eu via na criança
Da mãe dela a semelhança
Vivendo perto de mi

À noite depois da janta
Pra ela história contava
Ela como uma santa
Em silêncio me escutava
Quando ia se deitar
Lhe ensinava rezar
Pai-Nosso, Ave-Maria
Quando lhe chegava o sono
Soltando fraco ressono
Nos meus braços adormeci

Um dia vinha da roça
Da vida muito contente
Mas em frente da palhoça
De longe vi muita gente
Numa grande confusão
Olhando ali sobre o chão
Uma pessoa estirada
Quando perto cheguei dela
Vi que era Manuela
Na estrada acidentad

Oh, que dor senti no peito!
Quando cheguei perto dela
Em pranto fiquei desfeito
Abraçado ali com ela!
Tinha ido ela na venda
Comprar um pão pra merenda
Quando um chofer desgraçado
Correndo em demasia
Pegou ela quando ia
Passando por outro lado

Manuela ensagüentada
Morta estava ali no chão
Espalhados pela calçada
Tinha pedaços de pão
Aquele rostinho lindo
Parecia estar sorrindo
Pra mim com toda alegria
Eu aí beijando ela
Vi que da boquinha dela
Um sangue vivo saí

Pra nossa pobre morada
Conduzi ela nos braços
Com a alma angustiada
E o coração em pedaços
Triste à noite junto dela
Eu passei de sentinela
Até o romper do dia
E quando foi à tardinha
Num cemitério que tinha
Baixou ela à terra fri

Quis abandonar a roça
Devido ao que foi passado
Eu com raiva na palhoça
Me amaldizia irado
Se eu naquele sufoco
Pegasse com ar de louco
O chofer, aquela hiena
Com minha faca peixeira
Lhe furava de maneira
Que o Fute tinha pen

Uma noite eu dormindo
Sonhei com a Manuela
Eu como louco sorrindo
Me abraçava com ela
Ela envolvida num manto
Pedia num triste pranto
Chorando como criança:
— Por Deus, papai, se conforte
Lhe peço da minha morte
Não queira tomar vingança

Eu aí me acordei
Com aquilo na lembrança
Do pensamento tirei
A maldita da vingança
Fiquei pensando tristonho
Em Manuela e no sonho
Cuidando da minha roça
O tempo foi se passando
E eu sozinho morando
Naquela pobre palhoç

Sem haver mais novidade
Tendo um ano se passado
Eu fui um dia à cidade
Fazer compra no mercado
Quando lá eu fui chegando
Vi a rua atravessando
Uma garotinha bela
Bem calçada, bem vestida
Era muito parecida
Com a minha Manuel

Mas por desventura sua
Vinha um carro em disparada
Ali no meio da rua
Ela foi atropelada
Na pancada que levou
Ela nos ares voou
Caiu no chão rebolando
Em sangue toda banhada
Ali ficou estirada
Sem se bulir arquejand

O quadro daquela cena
Quando o cão do chofer viu
Ligeiro como a gangrena
No carro se escapuliu
Diante daquela ruindade
Eu com muita piedade
Corri em socorro dela
De dor sentindo um sufoco
E correndo como um louco
Pro hospital levei el

Quando lá pude entrar
Veio uma moça branca
Essa a me avistar
Me perguntou com carranca:
Antes de tudo confesse
Paga o INPS?
Se não paga, vá embora
Eu lhe supliquei: me ouça
Esta criancinha, moça
Foi atropelada agora

Eu não conheço os pais dela
Vim fazer a caridade
Portando, receba ela
Tenha dela piedade!
Disse a moça: não senhor
Aqui o nosso doutor
Caridade não conhece
Nos casos assim urgentes
Só atende os clientes
Que pagam INP

Eu quase sem esperança
Com a alma dolorida
Vi nos braços a criança
Quase a findar a vida
Eu aí em desespero
Lhe disse: tome o dinheiro
Que trago pra minha feira
Sei que dá pra pagar
Porém eu quero salvar
Ela da morte certeir

Disse a moça: vá embora
A mim, isso não importa!
Ela aí na mesma hora
Saindo bateu a porta
Nesse instante eu fui vendo
A criancinha morrendo
Por não achar quem lhe desse
Um atendimento urgente
Visto não pagar somente
O tal do INP

Eu aí cheio de dor
Amargurado contra o doutor
Igual um louco bradava
Quando a porta se abriu
E o tal doutor saiu
Pra mim se botou irado
Como uma fera que avança:
Mas quando viu a criança
Ficou da cor dum finad

Dele o corpo estremeceu
Mudando de semelhança
Num grande pranto rompeu
Abraçado com a criança
Dizendo: minha filhinha,
Tanto amor que lhe tinha
Eu sou um pai infeliz
Me escusei te salvar
Porém isso é pra pagar
Um crime que antes fiz

Os pais de uma menina
Que atropelei outrora
Sei, sentiram a dor ferina
Que eu estou sofrendo agora
Depois vim ficar ciente
Que aquele anjo inocente
Se chamava Manuela
E vivia lá na roça
Numa pequena palhoça
Morando com o pai dela

Quando daquele doutor
Ouvi tudo nessa hora
Quis pegá-lo com rancor
E matá-lo sem demora
Mas me veio no sentido
Do sonho aquele pedido
Que fez a mim Manuela
Então tirei da lembrança
Aquela bruta vingança
Por ser o pedido del

Chorando deu ele uns passos
Em direção duma porta
Levando ele nos braços
Imóvel a filhinha morta
Dentro de um carro entrou
Quando entrou, me chamou
Mas com ele não fui não
Por estar com muita pena
Pois aquela triste cena
Me doía o coraçã

Eu dali com amargura
Pensando voltei pra casa
Assim como a criatura
Que com desgosto se arrasa
Mas fui me recuperando
Em Manuela pensando
Todo domingo indo à missa
Guardando na minha mente
Que quem sabe é Deus somente
Fazer correta justiça.

tor: Expedito Sebastião da Silva
or Prop.: Manoel Caboclo e Silva

AVENTURAS DE LULU NA
Capital de São Paulo

AS AVENTURAS DE LULU NA CAPITAL DE SÃO PAULO

Há mais de cinqüenta anos
Na fazenda do Angico
Com a família morava
O coronel Frederico
Respeitado por ser ele
O fazendeiro mais ric

O coronel Frederico
Por ser mui conceituado
Em qualquer parte que fosse
Seu nome mencionado
Pelo pobre ou pelo rico
Tinha que ser respeitad

Ele possuía um filho
Com vinte anos de idade
Criado ali na fazenda
Sem nunca ir à cidade
Era analfabeto e feio
Que fazia piedad

Luiz era o nome dele
Mas por Lulu conhecido
Queria ser importante
E além de tudo sabido
Em tudo que se tratasse
Queria ser entendid

Lulu ouvia falar
Sobre a capital paulista
Admirado dizia:
— Eu sendo um rico nortista
Terei que ir a São Paulo
Para conhecer de vist

Até que um certo dia
O Lulu se decidiu
Foi à presença do pai
E licença lhe pediu
Para ir para São Paulo
O velho então consenti

Disse o velho: Vá, meu filho
Conhecer a capital
Mas levas muito dinheiro
Pra lá não passares mal
Quero que faças figura
De quem possui cabeda

— Escuta, lá em São Paulo
Dizem ter muito ladrão
Quando saltares do carro
A ninguém dê atenção
Procure num bairro pobre
Uma humilde pensã

Porque uma pensão pobre
Ladrão não olha pra ela
Podes ficar hospedado
Os dias que quiser nela
E guardar o teu dinheiro
Sem ter tão grande cautel

Depois disso o coronel
Cem contos lhe entregou
O Lulu todo orgulhoso
No mesmo dia embarcou
Com oito dias depois
Lá em São Paulo chego

Logo que desembarcou
Com ar de vivacidade
Saiu com sua malota
Para os bairros da cidade
Mostrando uma presença
De superioridad

Logo após chegou num bairro
Só de mulheres perdidas
Todas casas dali eram
Com as outras parecidas
Viu na porta duma delas
Duas jovens bem vestida

Elas quando viram ele
Já tarde da noite só
Viram pelo jeito dele
Que era um arigó
Aí sorrindo pra ele
Soltaram alto um coi

Lulu ficou encantado
Com elas foi se encontrar
Uma disse: Cavalheiro
Pode aqui se hospedar
Aqui é uma pensão
Humilde e familia

Pegaram a malota dele
E para um quarto levaram
Ali com ele no quarto
Alguns instantes ficaram
Então sobre a vida dele
Com calma se informara

Depois uma retirou-se
Disse a outra: — Vá buscar
Umas frutas e bebidas
Lá na esquina, no bar
Enquanto eu arrumo a cama
Para você se deita

Lulu comprou muita coisa
Frutas e bebidas geladas
Quando voltou encontrou
Todas as portas fechadas
Além disso estavam todas
Com as luzes apagada

E como todas as casas
Eram muito parecidas
Danou-se a chamar nas portas
Dando empurrões e batidas
Porém as caras que via
Lhe eram desconhecida

Ali um disse: — Já sei
O que você quer, rapaz
Pegando no telefone
Lulu não esperou mais
Soltou as frutas e correu
Que nem olhou para trá

Lulu aí calculou
A sua triste derrota
Ainda num bolso achou
Cinco mil réis numa nota
Dinheiro, roupa e calçado
Se achavam na malot

Debaixo de uma ponte
Naquela noite dormiu
Quando o dia amanheceu
Dali oculto saiu
Sem saber pra onde ia
Por outros bairros segui

Distante viu uma igreja
Ele foi na direção
Quando lá chegou na porta
Pensou na ocasião
De ali pedir contrito
A Deus uma proteçã

Ali ele se benzendo
Dentro da igreja entrou
Então pegou o chapéu
No assento atrás botou
Depois fitando as imagens
Tristonho se ajoelho

Chorou ali em pensar
Que se achava ao léu
Depois de rezar benzeu-se
Fitando os olhos no céu
Quando para trás virou-se
Não encontrou o chapé

Saiu da igreja aflito
Chorando na rua exclama:
Oh! Meu Deus, até aonde
Vai este azarento drama?
Aí sem ver tropeçou
Caiu num poço de lam

Para do poço sair
Veio um moço o ajudar
Ele vendo um chafariz
Perto daquele lugar
Para lá se dirigiu
Para a sujeira lava

Chegando no chafariz
Em um tanque se olhou
Se achando todo imundo
Um nome feio chamou
Ali tirando os sapatos
A se lavar começo

Depois que se asseou
Se sentiu fortalecido
Porém quando olhou de lado
Soltou um longo gemido
Porque seu par de sapatos
Tinha desaparecid

Dizia ele: Mil vezes
Seguir para o cadafalso
Do que viver entre estranho
Cumprindo um destino falso
Sem chapéu e sem dinheiro
Agora, por fim, descalço

Procurou outro subúrbio
Ainda mais afastado
Porque podia a polícia
Vê-lo assim naquele estado
Julgasse ser um ladrão
E o levasse embirad

Quando foi ao meio-dia
Saiu em uma choupana
Dentro tinha uma mulher
Julgou ser uma baiana
Mas chegando para perto
Viu que era uma cigan

A cigana quando o viu
Disse: Venha cá, ganjão
Te confia na cigana
Que te vai dar proteção
Noto que andas vagando
Sujo e cheio de afliçã

Disse Lulu: É exato
O que era meu, roubaram
Dinheiro, roupa e por fim
Descalço até me deixaram
Inda dou graças a Deus
Pois a vida me poupara

A cigana alimentou-o
Lhe cobrindo de afago
Disse a ele: Tire a roupa
Que existe ali um lago
Irei ligeira lavá-la
Quando enxugar eu trag

Diz Lulu: Só tenho esta
É triste o meu estado
Disse ela: Tenho um robe
Embora que remendado
Você vista ele enquanto
O seu terno é lavad

O Lulu vestiu o robe
E logo a roupa entregou
À cigana, que ligeira
Da choupana se afastou
Ele sentado encolhido
Ali num canto fico

Esperou quase três horas
Depois achando esquisito
Saiu em busca do lago
Que tinha a cigana dito
Mas não encontrando nada
Ficou já bastante aflit

Procurou quase uma hora
Mas não tendo resultado
Exclamou num grande pranto:
Fui novamente roubado!
Fiquei vestido num robe
Além disso remendado

A noite ia caindo
Ele saiu a vagar
Viu distante um carro velho
Num reservado lugar
Ele por trás ocultou-se
Para a noite ali passa

Lá para as onze da noite
Dois ladrões sutis chegaram
Então o plano dum roubo
Com sigilo combinaram
A presença de Lulu
Ali perto não notara

Disse um: Daqui a pouco
Vamos entrar em ação
Teremos que penetrar
No túmulo do tubarão
Tu viste aquela coroa
Que deixaram no caixão

— Observei, disse o outro
A coroa é um estouro
Cravejada de brilhante
Toda dum maciço ouro
Não podemos dispensar
Aquele grande tesour

— Mas como é que no túmulo
Nós poderemos entrar?
Disse o outro: Logo após
Do velho se sepultar
Com cuidado examinando
Um jeito pude encontra

— Tem o túmulo uma cúpula
Que se abre facilmente
Roda uma vez ao contrário
E duas vezes pra frente
Aí surge uma brecha
Que cabe um homem soment

Quem descer tem que ir nu
Em um óleo preto untado
Pra descer veloz na brecha
Em uma corda agarrado
O outro fica em cima
Esperando o resultad

Quem descer pega a coroa
E manda na mesma hora
Na corda bem amarrada
Já puxa o que fica fora
Depois o de dentro sobe
E daí se vai embor

Quando os ladrões se calaram
E dali foram saindo
Um avistou o Lulu
Que fingia estar dormindo
Um disse: Este cabra estava
A nossa conversa ouvind

Um ladrão adiantou-se
Lhe apontando a pistola
— Se levante, disse o outro
O puxando pela gola
Você bem que merecia
Uma bala na cachola

— Vamos deixar ele vivo,
Disse contente um ladrão
Como ele nos ouviu
Irá nos dar uma mão
É ele quem vai descer
No túmulo do tubarã

Levaram o pobre Lulu
Com toda rigorosidade
Dali para o cemitério
Bem contra sua vontade
Se o matassem seria
Pra ele uma caridad

Então quando lá chegaram
Um ladrão logo subiu
No túmulo do tubarão
E silencioso agiu
Depois de forçar a cúpula
A dita brecha surgi

Logo que surgiu a brecha
Disse um ladrão pra Lulu:
Vá logo tirando a roupa
Para descer aqui nu
Porém antes sobre a pele
Passe este óleo cr

Lulu tirou logo a roupa
De óleo foi todo untado
Diz um ladrão: Pela corda
Vá descendo com cuidado
Quando embaixo chegar
Não se faça demorad

A coroa se encontra
Sobre o caixão colocada
Você a pegue e amarre
Na corda bem amarrada
Depois nos dá o sinal
Para por nós ser puxad

Então aquela coroa
Logo assim que sair fora
Voltamos com rapidez
A corda na mesma hora
Para por ela subires
E juntos irmos embor

— Está certo, diz Lulu
E para um ladrão sorriu
Se agarrando na corda
Ligeiro se introduziu
Por entre a brecha do túmulo
Onde breve se sumi

O Lulu chegando em baixo
Era grande a escuridão
Ele saiu tateando
Apalpando com a mão
Por fim achou a coroa
Posta em cima do caixã

Ele na corda amarrou-a
E depois deu o sinal
Os ladrões logo puxaram
Com um sorriso fatal
Chegando a coroa em cima
O prazer foi sem igua

— Agora vamos embora,
Disse sorrindo um ladrão
Tapou a brecha dizendo,
Fica-te aí, bobalhão
Nas trevas como vigia
Dum defunto tubarã

Lulu ficou lá em baixo
Sem ter por onde sair
Mas uma hora depois
Ouviu em cima bolir
Viu a cúpula se mover
E a dita brecha surgi

Lulu aí calculou
Que tinham os ladrões voltado
Para tirá-lo dali
Onde o tinham deixado
Aí respirou tranqüilo
Se sentindo aliviad

Foi errado o seu pensar
Pois eram outros ladrões
Que ali se encontravam
Com as mesmas intenções
De roubar a tal coroa
Valor de muitos milhõe

Eram também dois ladrões
Um logo a roupa tirou
Com um óleo que trazia
No corpo todo passou
Quando segurou na corda
Para o outro assim falou

— Você conhece que eu
Topo qualquer valentão
Porém sou grande covarde
Diante duma visão
Vou descer, porém o medo
Me invade o coraçã

O outro disse: — Qual nada
Se concentre com coragem
Nos milhões que lá estão
Oferecendo vantagem
Vá pensando na coroa
Que aí não há visage

O ladrão reanimado
Por entre a brecha desceu
O escuro era tão grande
Que o corpo lhe tremeu
Antes de tocar no chão
Seu corpo uns braços prende

O ladrão soltou um berro
Que o túmulo estremeceu
— Me acuda! Ele gritava,
Uma coisa me prendeu!
Ele ouviu dizer baixinho:
— Você não sobe sem eu

Leitores, era Lulu
Que ali preso ficou
Vendo o gatuno descer
Embaixo lhe esperou
Quando o dito aproximou-se
Com ele se atraco

E o ladrão dando gritos
Ao de fora dizia:
Oh! Fulano me acuda
Já quer dar-me uma agonia
Oh! Meu Deus que alma feia!
Oh! Que bicha da mão fria

O outro puxou a corda
E quando em cima foi vendo
Sair na frente o amigo
Atrás outro aparecendo
Pulou de cima do túmulo
E dali saiu corrend

O outro nu como estava
Atrás o acompanhou
O Lulu saindo fora
O ar fresco respirou
Mas olhando para os lados
Nenhum ladrão encontro

Lulu vendo eles correr
Ficando só sem ninguém
Gritou: — Esperem por mim
Que vou com vocês também!
Com isso os ladrões corriam
Ligeiros que só o tre

E quando Lulu desceu
Divisou na escuridão
Um rico par de sapatos
E uma roupa no chão
Viu que tudo pertencia
Com certeza a um ladrã

Ele aí vestiu a roupa
Que tinha o ladrão deixado
Calçou o par de sapatos
Que ali tinha ficado
Deram tão certos pra ele
Como tivesse comprad

Aí pôs a mão num bolso
Dele um pacote tirou
Quando olhou eram cem contos
Surpreendido ficou
Pondo a mão no outro bolso
Outros cem contos acho

Lulu aí conheceu
Que melhorava de sorte
Quando foi no outro dia
Cedo pegou um transporte
Então com duzentos contos
Voltou em busca do Nort

Com oito dias chegou
Ele na fazenda Angico
Foi uma grande surpresa
Pro coronel Frederico
Quando soube que seu filho
Tinha voltado mais ric

O coronel exclamava:
Deus te abençoe a vinda
Meu filho, agora acredito
Que São Paulo é terra linda
Quem vai lá passear goza
E volta mais rico aind

Mas Lulu lhe respondeu:
Eu fui que comi safado
Dormindo sem agasalho
E além disso roubado
Eu serei um sem-vergonha
Se voltar àquele Estado.

Autor: Expedito Sebastião da Silva
Editor Prop.: Manoel Caboclo e Silva
C. G. C. 07 . 042 . 591 / 0001-09

ADRIANO E JOANINHA

Juazeiro do Norte - Ceará

ADRIANO E JOANINHA

Nesta estória se vê
Combates comovedores
Amor, ternura, tragédia
Perseguições e rancores
Nela tem tudo que agrada
A meus queridos leitore

Adriano de Azevedo
Era um jovem rapaz
Que viveu na Paraíba
Há muitos anos atrás
A lavoura cultivando
Na fazenda de seus pai

Vinte anos de idade
O jovem Adriano tinha
Desde pequeno ele amava
Uma garota vizinha
Que se chamava Joana
Mas lhe chamavam Joaninh

Porém o pai de Joaninha
Que era Tomé Totonho
O namoro dos dois jovens
Não queria nem por sonho
Quando os via conversando
Fazia um bicho medonh

Devido a isto Adriano
Para falar com Joaninha
Procurava uma mangueira
Que dentro da mata tinha
Com ela ali conversava
O tempo que lhe convinh

Adriano como era
Moço de capacidade
Conversava com Joaninha
Ali com sinceridade
Joaninha devido a isto
Lhe tinha grande amizad

Adriano certo dia
Com uma faca riscou
Na mangueira a inicial
Do nome dela deixou
Também ela a inicial
Do nome dele gravo

Há dias atrás Totonho
Já havia prometido
A mão da filha a um moço
Por ele mesmo escolhido
O qual era fazendeiro
Filho dum seu conhecid

A fazenda do pai dele
Da sua era vizinha
Portanto aquele rapaz
Era louco por Joaninha
Porem a moça por ele
A maior repulsa tinh

Chamava-se o moço Jaime
Seu pai Antero Medeiros
Além de Jaime inda tinha
Quatro rapazes solteiros
Os quais eram conhecidos
Como uns arruaceiro

Jaime vendo que Joaninha
Nem bem o cumprimentava
Desconfiou que a moça
Doutro rapaz já gostava
Aí sem ela saber
Oculto lhe espreitav

Até que naquele dia
Em que Joaninha saiu
Pra falar com Adriano
Ele estando oculto viu
Aí sem ela notar
De bem longe lhe segui

E quando os jovens estavam
No maior prazer da vida
Jaime apareceu armado
Dizendo: moça bandida
Como ages deste jeito
Sendo a mim comprometida

— Se afaste deste cabra
Pra eu já matá-lo aqui
Logo depois de matá-lo
Me apossarei de ti
Quando me satisfazer
Deixo os dois mortos a

Adriano disse: Jaime
Um homem não age assim;
Disse Jaime: cale a boca
Não venha acusar a mim
Se prepare que chegou
A hora de dar-te fi

E mandou em Adriano
Um golpe encolerizado
Mas o rapaz era destro
Ligeiro pulou de lado
No pulo lhe segurou
O braço que estava armad

O dois ali se agarraram
Levando as moitas de eito
Jaime num salto que deu
Perdendo o prumo e o jeito
Caiu por cima da arma
Que lhe traspassou o peit

Jaime a custo levantou-se
E para casa saiu
Ao chegar no terreiro
Sem mais resistir caiu
Disse ao pai: foi Adriano!
E ali se conclui

O velho deu um gemido
E na mesma ocasião
Chamou os filhos dizendo:
— Vão já vingar seu irmão
Procurem o Adriano
E arranquem-lhe o coraçã

Enquanto isto, Joaninha
Dizia pra seu amante:
— Adriano, vá embora
Já daqui pra bem distante
Pois Antero com os filhos
Virão a qualquer instant

Disse Adriano: Joaninha
Eu nada tenho a temer
Vou esperar que ele venha
Para lhe esclarecer
Pois eu não fiz crime algum
Para de medo corre

— Mas querido; diz Joaninha
Antero é arrogante
Se com os filhos pegar-te
Te matarão num instante
Pois não vão te escutar
Por ser tudo ignorant

— Vai, Adriano; aqui fico
Te esperando solteira
Um dia quando voltares
Se papai vir com besteira
Contigo juro fugir
Do tronco desta mangueir

Adriano abraçou ela
E um longo beijo deu
Joaninha ali em pranto
O mesmo correspondeu
O rapaz dentro da mata
Logo desaparece

Por dentro daquela mata
Seguiu tristonho Adriano
Passando serras e montes
Sem ter direção nem plano
Com quatro dias saiu
Num sítio pernambucan

No centro daquele sítio
Uma grande casa havia
Diversos homens armados
Ali na frente se via
Numa cadeira sentado
Um homem permaneci

Adriano ao chegar
Saudou a todos dali
Logo depois perguntou:
— Quem é o patrão aqui?
Um sujeito com o dedo
Indicou: é este a

Adriano olhando disse:
— Boa-tarde, capitão
Venho a vossa senhoria
Saber se tem precisão
De alguém para empregar
Quer seja na roça ou nã

O capitão lhe olhando
Respondeu: tenho, rapaz
Um emprego muito bom
Que para ele és capaz
Há tempo que eu andava
De um moço assim atrá

— Agora pra este sítio
Quem foi que guiou a ti?
Diz Adriano: há três dias
Que nas matas me perdi
Então por coincidência
Consegui sair aqu

— De que parte vem você?
Perguntou ele a Adriano,
Diz ele: da Paraíba
Eu sou um paraibano
Mas devido a um crime vim
Para o sul pernambucan

Disse o capitão: pois bem
De mim tens a proteção
Visto teres descobrido
Esta nossa habitação
Se não fosse de agrado
Ias já pro frio chã

— Nós aqui somos bandidos
Vivemos nesta floresta
Atacando e roubando
Aqui nossa vida é esta
Hoje à noite vou saber
Se pra isto você prest

Adriano aí pensou
Em que lugar foi cair
Porém viu se recusasse
Mal iria se sair
Ficou no banco aguardando
Uma chance pra fugi

À noite o chefe ordenou
Aos cavalos selar
Logo depois mandou todos
De boas armas se armar
Adriano como eles
Teve que se equipa

Logo que estavam prontos
Todos montados partiram
Numa fila cautelosos
Numa vereda seguiram
Com duas horas depois
Numa fazenda saíra

Afastado da fazenda
Dos cavalos se apearam
Aí com a maior pressa
Em punho as armas botaram
Então cautelosamente
Da casa se aproximara

Adriano conheceu
Que no exato momento
Celebravam na fazenda
A festa dum casamento
Em uma sala dançavam
No maior divertiment

Quando o chefe ordenou
Pra fazer a invasão
De vez entraram na casa
Todos de armas na mão
Desarmaram e prenderam
Todos homens no salã

O chefe ali ordenou
A todos os seus bandidos
Pra deixarem as mulheres
Ali nuas sem vestidos
Depois gozar todas elas
Na vista de seus marido

O chefe pegou a noiva
E pra seus braços puxou
Um cabra pegou o noivo
E pelos pés amarrou
De cabeça para baixo
No alpendre penduro

Os maridos quando ouviam
Os gritos apavorados
Das mulheres que buscavam
Fugir daqueles tarados
Iam em socorro delas
Mas eram assassinado

Gritos, choros e lamúrias
Era o que ali se ouvia
Adriano ali de parte
Àquele quadro assistia
Daquilo grande revolta
No seu coração senti

Olhando viu ele o chefe
Dando grande gargalhada
Tirando da noiva a roupa
Que chorava apavorada
E com loucura beijava
Da moça a face corad

Adriano disse: parem
Já com esta confusão!
Disse ele com o rifle
Apontando em direção
Do peito esquerdo do chefe
Que estava no salã

O chefe ficou olhando
E quis a arma puxar
Mas com um tiro no peito
Viu-se ele ali tombar
Adriano aí os cabras
Ficou na porta a queima

Com a surpresa os cabras
Um só defesa não fez
Por Adriano atirar
Certo e com rapidez
Dos bandidos que vieram
Escaparam uns dois ou trê

Adriano quando viu
Tudo ali silenciar
Saiu de onde estava
E começou a soltar
Os que estavam amarrados
E os feridos cura

Logo depois Adriano
Foi olhando sem receio
Os cabras que foram mortos
Por ele no tiroteio
Encontrou oito sem vida
E o chefe morto no mei

Nesse instante o fazendeiro
Com um abraço emotivo
Disse para Adriano:
— Me fizeste teu cativo
Porque se não fosses tu
Ninguém aqui estava viv

— Porque esses malfazejos
Eram uns degenerados
Na zona pintavam o sete
E nunca foram pegados
Devido ninguém saber
Onde viviam acoitado

— Ficarás aqui comigo
Como herói da região
O governo irá te dar
Uma gratificação
E minha fazenda fica
À tua disposiçã

Adriano depois disto
Ficou ali hospedado
Por todos da região
Era muito respeitado
E o fazendeiro tinha
Ele como um filho amad

Assim se passou um ano
Mas sempre Adriano tinha
Lembrança e muita saudade
De sua meiga Joaninha
Porque desde que saiu
Nunca mandou-lhe uma linh

Certo dia ao fazendeiro
Declarou que precisava
Ir atrás de sua noiva
Que na Paraíba estava
Prometendo que depois
Ali com ela voltav

O fazendeiro aceitou
Perguntando se queria
Levar dali da fazenda
Uns homens na companhia
Adriano respondeu
Que mesmo sozinho i

Numa manhã Adriano
De todos se despediu
Num bom cavalo montado
Dali disposto partiu
Com Joaninha na lembrança
Numa estrada se sumi

E com dois dias depois
Em sua terra chegou
Oculto, sobre Joaninha
Com um velho se informou
Mas o que lhe disse o velho
Muito triste lhe deixo

Porque o velho lhe disse
Que a sua bela amada
Estava naquele dia
Com outro rapaz casada
E que ela tinha sido
Pelo pai dela obrigad

O velho ainda lhe disse:
— Logo que você fugiu
De desgosto a sua mãe
Com um mês se concluiu
Seu pai ficando sozinho
Vendeu o sítio e sai

Adriano ali ficou
Com o coração trancado
Dizendo consigo: antes
Tivesse eu me acabado
Nas mãos daqueles bandidos
De que me ver desprezad

Adriano lamentava
A sua sorte mesquinha
À noite foi à mangueira
Outra solução não tinha
Para reviver os dias
Que ia ali com Joaninh

Adriano seguiu só
Por dentro da mata escura
Quando chegou no local
Avistou uma figura
Encostada na mangueira
Soluçando com amargur

Dizia a dita figura:
— Adriano, meu querido
Por capricho de meus pais
Por mim tu foste traído
Vem, Adriano, buscar-me
Pois só tu és meu marido

— Quantas juras tu fizeste
A mim há anos atrás
Esta mangueira é a prova
De nossas juras leais
Porque tem no tronco dela
As nossas iniciais

— E como prova que eu
Te amo sem fingimento
Neste punhal transpassada
Vou morrer neste momento
Quando voltares verás
Que cumpri meu jurament

E quando ela prostrou-se
De joelhos decidida
Pondo sobre o peito a arma
Para liquidar a vida
Ouviu uma voz dizer-lhe:
— Não faça isto, querida

Quando Joaninha virou-se
E Adriano avistou
Num pulo deu-lhe um abraço
E dele a boca beijou
Adriano comovido
Com ternura lhe abraço

Disse Adriano: querida
Tenho o coração ferido
Soube que casaste hoje
Tens outro por teu marido
O meu coração está
Profundamente sentid

Disse Joaninha: Adriano
Me casei, sim, é verdade
Com aquele desgraçado
Mas contra minha vontade
Não foi de gosto que fiz
A ti esta falsidad

Joaninha dizia isto
Como uma louca chorando
Adriano com carinho
Dizia a ela abraçando:
– Sim, querida, eu acredito
Sempre viveste me amand

— Portanto, aqui vim tirar-te
Deste sofrimento atroz
Daqui iremos embora
E casaremos após;
Joaninha disse o beijando:
— Deus teve pena de nó

Porém nisso ali surgiu
O marido de Joaninha
Dizendo: casaste hoje
E já queres, safadinha
Logo tão cedo enfeitar
De galha a cabeça minha

E ali com um punhal
Para Adriano avançou
Mas Adriano ligeiro
Por cima dele saltou
Então quando o enguiçava
Mesmo no vão lhe cravo

O cabra caiu no chão
E morreu na mesma hora
Adriano aí foi ver
Seu cavalo sem demora
Se montando com Joaninha
Triunfante foi embor

Quando chegou na fazenda
Do amigo fazendeiro
Adriano sem demora
O seu cuidado primeiro
Foi se casar com Joaninha
Na paz de Deus verdadeir

Adriano ao casar-se
Com Joaninha sua amada
O fazendeiro chamou-o
E deu-lhe de mão beijada
Ali mesmo uma fazenda
Completa sem faltar nad

E desta forma Adriano
Sem ódio e sem ambição
Saiu-se em sua empresa
Indo contra a traição
Logrou o mal que lhe vinha
Vencendo só com Joaninha
As trevas da perdição

TÍTULOS PUBLICADOS

1. Patativa do Assaré
2. Cuíca de Santo Amaro
3. Manoel Caboclo
4. Rodolfo Coelho Cavalcante
5. Zé Vicente
6. João Martin de Athayde
7. Minelvino Francisco Silva
8. Expedito Sebastião da Silva
9. Severino José
10. Oliveira de Panelas
11. Zé Saldanha
12. Neco Martins
13. Raimundo Santa Helena
14. Téo Azevedo
15. Paulo Nunes Batista
16. Zé Melancia
17. Klévisson Viana
18. Rouxinol do Rinaré
19. J. Borges
20. Franklin Maxado
21. José Soares
22. Francisco das Chagas Batista

Edição	Jorge Sallum
Co-edição	Bruno Costa
Capa e projeto gráfico	Júlio Dui e Renan Costa Lima
Programação em LaTeX	Marcelo Freitas
Assistente editorial	Janaína Navarro
Colofão	Adverte-se aos curiosos que se imprimiu esta obra nas oficinas da gráfica Bandeirantes em 28 de maio de 2010, em papel off-set 90 gramas, composta em tipologia Walbaum Monotype de corpo oito a treze e Courier de corpo sete, em plataforma Linux (Gentoo, Ubuntu), com os softwares livres LaTeX, DeTeX, vim, Evince, Pdftk, Aspell, svn e trac.